U0460783

杭州优秀传统文化丛书

Hangzhou Youxiu Chuantong Wenhua Congshu

湖光山影
映钱塘

张友国　鲍小红 — 著

杭州出版社

图书在版编目（CIP）数据

湖光山影映钱塘 / 张友国 , 鲍小红著 . -- 杭州：
杭州出版社 , 2022.8
（杭州优秀传统文化丛书）
ISBN 978-7-5565-1857-9

Ⅰ . ①湖… Ⅱ . ①张… ②鲍… Ⅲ . ①杭州—地方史
—史料—摄影集 Ⅳ . ① K295.51-64

中国版本图书馆 CIP 数据核字（2022）第 135082 号

Huguang Shanying Ying Qiantang

湖光山影映钱塘

张友国　　鲍小红　著

责任编辑　王妍丹
装帧设计　章雨洁
美术编辑　祁睿一
责任校对　陈铭杰
责任印务　姚　霖
出版发行　杭州出版社（杭州市西湖文化广场32号6楼）
　　　　　电话：0571-87997719　邮编：310014
　　　　　网址：www.hzcbs.com
排　　版　浙江时代出版服务有限公司
印　　刷　天津画中画印刷有限公司
经　　销　新华书店
开　　本　710 mm×1000 mm　1/16
印　　张　17.5
字　　数　214千
版 印 次　2023年1月第1版　2023年1月第1次印刷
书　　号　ISBN 978-7-5565-1857-9
定　　价　58.00元

序　言

文化是城市最高和最终的价值

　　我们所居住的城市，不仅是人类文明的成果，也是人们日常生活的家园。各个时期的文化遗产像一部部史书，记录着城市的沧桑岁月。唯有保留下这些具有特殊意义的文化遗产，才能使我们今后的文化创造具有不间断的基础支撑，也才能使我们今天和未来的生活更美好。

　　对于中华文明的认知，我们还处在一个不断提升认识的过程中。

　　过去，人们把中华文化理解成"黄河文化""黄土地文化"。随着考古新发现和学界对中华文明起源研究的深入，人们发现，除了黄河文化之外，长江文化也是中华文化的重要源头。杭州是中国七大古都之一，也是七大古都中最南方的历史文化名城。杭州历时四年，出版一套"杭州优秀传统文化丛书"，挖掘和传播位于长江流域、中国最南方的古都文化经典，这是弘扬中华优秀传统文化的善举。通过图书这一载体，人们能够静静地品味古代流传下来的丰富文化，完善自己对山水、遗迹、书画、辞章、工艺、风俗、名人等文化类型的认知。读过相关的书后，再走进博物馆或观赏文化景观，看到的历史遗存，将是另一番面貌。

过去一直有人在质疑，中国只有三千年文明，何谈五千年文明史？事实上，我们的考古学家和历史学者一直在努力，不断发掘的有如满天星斗般的考古成果，实证了五千年文明。从东北的辽河流域到黄河、长江流域，特别是杭州良渚古城遗址以距今5300—4300年的历史，以夯土高台、合围城墙以及规模宏大的水利工程等史前遗迹的发现，系统实证了古国的概念和文明的诞生，使世人确信：这里是古代国家的起源，是重要的文明发祥地。我以前从来不发微博，发的第一篇微博，就是关于良渚古城遗址的内容，喜获很高的关注度。

我一直关注各地对文化遗产的保护情况。第一次去良渚遗址时，当时正在开展考古遗址保护规划的制订，遇到的最大难题是遗址区域内有很多乡镇企业和临时建筑，环境保护问题十分突出。后来再去良渚遗址，让我感到一次次震撼：那些"压"在遗址上面的单位和建筑物相继被迁移和清理，良渚遗址成为一座国家级考古遗址公园，成为让参观者流连忘返的地方，把深埋在地下的考古遗址用生动形象的"语言"展示出来，成为让普通观众能够看懂、让青少年学生也能喜欢上的中华文明圣地。当年杭州提出西湖申报世界文化遗产时，我认为这是一项需要付出极大努力才能完成的任务。西湖位于蓬勃发展的大城市核心区域，西湖的特色是"三面云山一面城"，三面云山内不能出现任何侵害西湖文化景观的新建筑，做得到吗？十年申遗路，杭州市付出了极大的努力，今天无论是漫步苏堤、白堤，还是荡舟西湖里，都看不到任何一座不和谐的建筑，杭州做到了，西湖成功了。伴随着西湖申报世界文化遗产，杭州城市发展也坚定不移地从"西湖时代"迈向了"钱塘江时代"，气势磅礴地建起了杭州新城。

从文化景观到历史街区，从文物古迹到地方民居，众多文化遗产都是形成一座城市记忆的历史物证，也是一座城市文化价值的体现。杭州为了把地方传统文化这个大概念，变成一个社会民众易于掌握的清晰认识，将这套丛书概括为城史文化、山水文化、遗迹文化、辞章文化、艺术文化、工艺文化、风俗文化、起居文化、名人文化和思想文化十个系列。尽管这种概括还有可以探讨的地方，但也可以看作是一种务实之举，使市民百姓对地域文化的理解，有一个清晰完整、好读好记的载体。

传统文化和文化传统不是一个概念。传统文化背后蕴含的那些精神价值，才是文化传统。文化传统需要经过学者的研究提炼，将具有传承意义的传统文化提炼成文化传统。杭州与丛书作者在创作方面作了种种古为今用、古今观照的探讨交流，还专门增加了"思想文化系列"，从杭州古代的商业理念、中医思想、教育观念、科技精神等方面，集中挖掘提炼产生于杭州古城历史中灵魂性的文化精粹。这样的安排，是对传统文化内容把握和传播方式的理性思考。

继承传统文化，有一个继承什么和怎样继承的问题。传统文化是百年乃至千年以前的历史遗存，这些遗存的价值，有的已经被现代社会抛弃，也有的需要在新的历史条件下适当转化，唯有把传统文化中这些永恒的基本价值继承下来，才能构成当代社会的文化基石和精神营养。这套丛书定位在"优秀传统文化"上，显然是注意到了这个问题的重要性。在尊重作者写作风格、梳理和讲好"杭州故事"的同时，通过系列专家组、文艺评论组、综合评审组和编辑部、编委会多层面研读，和作者虚心交流，努力去粗取精，古为今用，这种对文化建设工作的敬畏和温情，值得推崇。

人民群众才是传统文化的真正主人。百年以来，中华传统文化受到过几次大的冲击。弘扬优秀传统文化，需要文化人士投身其中，但唯有让大众乐于接受传统文化，文化人士的所有努力才有最终价值。有人说我爱讲"段子"，其实我是在讲故事，希望用生动的语言争取听众。今天我们更重要的使命，是把历史文化前世今生的故事讲给大家听，告诉人们古代文化与现实生活的关系。这套丛书为了达到"轻阅读、易传播"的效果，一改以文史专家为主作为写作团队的习惯做法，邀请省内外作家担任主创团队，组织文史专家、文艺评论家协助把关建言，用历史故事带出传统文化，以细腻的对话和情节蕴含文化传统，辅以音视频等其他传播方式，不失为让传统文化走进千家万户的有益尝试。

中华文化是建立于不同区域文化特质基础之上的。作为中国的文化古都，杭州文化传统中有很多中华文化的典型特征，例如，中国人的自然观主张"天人合一"，相信"人与天地万物为一体"。在古代杭州老百姓的认知里，由于生活在自然天成的山水美景中，由于风调雨顺带来了富庶江南，勤于劳作又使杭州人得以"有闲"，人们较早对自然生态有了独特的敬畏和珍爱的态度。他们爱惜自然之力，善于农作物轮作，注意让生产资料休养生息；珍惜生态之力，精于探索自然天成的生活方式，在烹饪、茶饮、中医、养生等方面做到了天人相通；怜惜劳作之力，长于边劳动，边休闲娱乐和进行民俗、艺术创作，做到生产和生活的和谐统一。如果说"天人合一"是古代思想家们的哲学信仰，那么"亲近山水，讲求品赏"，应该是古代杭州人的生动实践，并成为影响后世的生活理念。

再如，中华文化的另一个特点是不远征、不排外，这体现了它的包容性。儒学对佛学的包容态度也说明了这一点，对来自远方的思想能够宽容接纳。在我们国家的东西南北甚至是偏远地区，老百姓的好客和包容也司空见惯，对异风异俗有一种欣赏的态度。杭州自古以来气候温润、山水秀美的自然条件，以及交通便利、商贾云集的经济优势，使其成为一个人口流动频繁的城市。历史上经历的"永嘉之乱，衣冠南渡"，"安史之乱，流民南移"，特别是"靖康之变，宋廷南迁"，这三次北方人口大迁移，使杭州人对外来文化的包容度较高。自古以来，吴越文化、南宋文化和北方移民文化的浸润，特别是唐宋以后各地商人、各大商帮在杭州的聚集和活动，给杭州商业文化的发展提供了丰富营养，使杭州人既留恋杭州的好山好水，又能用一种相对超脱的眼光，关注和包容家乡之外的社会万象。这种古都文化，也代表了中华文化的包容性特征。

城市文化保护与城市对外开放并不矛盾，反而相辅相成。古今中外的城市，凡是能够吸引人们关注的，都得益于与其他文化的碰撞和交流。现代城市要在对外交往的发展中，进行长期和持久的文化再造，并在再造中创造新的文化。杭州这套丛书，在尽数杭州各色传统文化经典时，有心安排了"古代杭州与国内城市的交往""古代杭州和国外城市的交往"两个选题，一个自古开放的城市形象，就在其中。

　　"杭州优秀传统文化丛书"团队在传统和现代的结合上，想了很多办法，做了很多努力。传统文化丛书要得到广大读者接受，不是件简单的事。我们已经走在现代化的路上，传统和现代的融合，不容易做好，需要扎扎实实地做，也需要非凡的创造力。因为，文化是城市功能的最高价值，也是城市功能的最终价值。从"功能城市"走向"文化城市"，就是这种质的飞跃的核心理念与终极目标。

2020 年 9 月

（单霁翔，中国文物学会会长）

富春山居图（局部）

目 录

第七章

奔腾的钱塘江，千年的赞与叹

引　言

　　图片是一种无声的语言。许多时候，一张老照片就是一个时代的缩影。一些泛黄老旧的照片，浮动着岁月的痕迹，记载着背后的故事，见证着日升月落、斗转星移中，那些不变的温暖记忆。

　　1839 年，法国人路易·达盖尔（Louis Daguerre）发明了摄影术，后于晚清传入中国。摄影术的发明和应用，几乎与我国近代打开国门的时间相同。摄影是一门技艺，无关乎学术和深度，也说不上是中国的传统文化，但它却以一种特殊的方式，记载了中国在历史转折时期的风云变幻，留下了其他艺术门类不可替代的生活记忆和再现文化遗产的直观影像。

　　清末民初，西方许多传教士、商人、旅行者、社会学家等各色人物，怀着浓重的好奇心和奇妙遐想纷至沓来，他们都想亲眼看看这个神秘东方国度的真实状态。如路易·李阁郎（Louis Legrand）、恩斯特·柏石曼（Ernst Boerschmann）、阿道夫·克莱尔（Adolf Krayer）、西德尼·戴维·甘博（Sidney David Gamble）等一批西方人一波三折来到了杭州城，用手中的相机记录了一百多年前杭州城的自然风光和风土人情。早期摄影师对杭州的大运河、钱塘江、西湖、寺庙、城门、桥梁、街巷以及百姓生活等产生了浓厚的兴趣，并留下了大量的图像。杭州本土摄影师则以照相馆为载体，记录着杭州人的精神面貌和城市的历史文化符号，书写着杭州摄影业的发展历程。这些为我们回眸历史、研究杭州古城的风貌、追寻杭州名城在历史文化发展中的脉络，提供了更多线索、更多追忆、更多思考。

在这些穿越时空的老照片中，有城门的繁华热闹、运河的商船漕运、山间的寺庙道观、西湖的秀丽风光、城区的百姓生活、运河的翻坝及阡陌水道……早期摄影师以他们的视野，记录了杭州在风云变幻时代的另一种历史记忆，保存了许多人们无法看到的历史资料和珍贵照片。

一百多年后的今天，这些老照片已经成为杭州摄影史不可或缺的重要组成部分。虽然很多照片文字记录非常简单，有些照片甚至没有标注详细地址，但从一些标志性的建筑也可辨析其位置。

摄影术传入中国以来，无论是外国摄影师的作品、早期繁荣的照相馆业，还是后来的艺术摄影作品，以及对杭州发生的重要历史事件的记录，老照片都比文字更直观、更确切、更形象。读者通过老照片可以感受到杭州的变迁，对那个时代能有一个清晰、丰满、鲜活的认识。

杭州是众生的天堂，也是艺术摄影的天堂。春夏秋冬、晨钟暮鼓，英雄美女、高僧志士，一草一木、一屋一椽，无不带着历史文化的印记。

一百多年前的老照片，一个世纪的沉淀，任岁月褪去了色彩。老照片作为时代的影像记录，沉淀了史料价值和艺术价值，唤醒了几代人对这座城市年代的共同记忆。在这些老照片中，读者可以感受杭州历史文化的厚重感，更可以了解一个时代、一个社会的发展。

杭州钟灵毓秀、人文荟萃、风光秀丽。从古代"世界上最美丽华贵之天城"到现在"打造世界一流的社会主义现代化国际大都市"，独特文化激发创作灵感，旖旎风光造就艺术作品。杭州历代古迹的影像可以让我们触摸历史。百年前的西方人通过摄影了解西湖风景和杭州百姓的生活状态，他们把拍到的照片带回自己的国家，留存或赠予亲朋好友，有的通过报纸和杂志广泛传播，更新了西方国家对中国的认知。

现代人也许不在意何谓当下，然而，再过百年，后人再看我们的照片，也许会讶异于今日之状况，甚至可能会觉得不可思议。但不管怎么样，未来就在不远处。历史的风景并非总是轻盈优美，她总以自然的规律呈现独特的风貌，而留在照片背后的那些故事，由读者自己去思忖、去揣摩。

杭州如此，世界亦然。

第一章

古色古香的杭州城

题记：

　　第二次鸦片战争以后，一些西方人因传教、旅游、社会调查等原因来到"天城"杭州。他们不辞辛劳，走遍了杭州的山山水水，用相机记录了古色古香的杭州城及杭州人的生活状况，留下了一份珍贵的历史文化遗产，同时也将杭州的秀丽风光和悠久文化传播到海外，成为杭州摄影史的开端。

杭州第一批老照片，
记录的是杭城的景观和文化

　　清咸丰九年（1859），一个月白风清的日子，法国摄影师路易·李阁郎（Louis Legrand）踏上了杭州的土地。他扛着沉重的摄影器材，下了客船在拱宸桥码头上岸。换上了马车后，李阁郎长长舒了一口气，他终于如愿以偿来到了杭州。

　　两天以前，他从上海码头登上到杭州的客船，船走走停停地行了两天，他也一路忐忑不安。第二次鸦片战争刚结束，清廷被迫和英、法、俄、美政府签订《天津条约》，允许外国人自由到内陆城市旅游，也不知道从上海到浙江这沿路的关卡是否开始执行了。之前是严格限制外国人来内陆城市的，他在上海的朋友艾约瑟曾私自到杭州游玩，还没有进城门就被守城官军发现，给解送回去。再说，现在虽然开放了内陆旅游，但法国是第二次鸦片战争的参战国，他这个蓝眼睛的法国人一眼就会被人看出来，人身安全说不定都得不到保障。与此同时，清廷正在和太平天国的军队打仗，太平天国将领石达开就在浙江一带活动，杭州府海宁州郭店地区也有农民暴动[①]，万一遇上了太平军或暴动的农民不知道会有什么麻烦。现在看来运气不错，中国的船夫对他很客气，一路过来还比较顺利，没有碰到麻烦。

①王兴福：《太平军在杭州》，浙江人民出版社，1959年，第19—20页。

摄影是李阁郎的最爱。他从小喜欢画画，尤其擅长画建筑和风景。1839 年，他的法国同胞路易·达盖尔（Louis Daguerre）发明了摄影术后，他非常兴奋，很快成了摄影的狂热爱好者，并迅速掌握了摄影技法。在他看来，不用花那么多的笔墨，就能如此逼真地再现建筑物、风景和人物，真是上天的恩赐，这让他感受到了摄影的无穷魅力，很快他就成了当地小有名气的摄影师。

19 世纪的中国，内忧外患，东西方文明激烈渗透、融汇交错。鸦片战争后，上海、宁波等五个城市成为对外国的通商口岸，大批西方传教士、商人、旅行者携带问世不久的照相机进入中国开放口岸城市。

李阁郎和其他的西方国家人一样，对中国这个神秘的东方国度十分感兴趣。他希望能够拍到更多反映中国风土人情的照片，把中国人的生活状况拍摄下来介绍到西方国家。

1856 年，他终于以法国雷米和施密特公司雇员的身份抵达上海，但他很快就自己单干，在上海开设了第一家人像照相馆。在当时，中国人都不知道照相为何物，能够进照相馆照相是多么奢侈的事啊，光顾的人多为达官显贵或富豪名伶。由于李阁郎技法娴熟，他的照相馆在上海很受推崇。

有一天，几个顾客在他的照相馆里闲聊，说杭州离上海不远，西湖美景名扬天下，景点星罗棋布，还说了乾隆皇帝下江南来杭州的奇闻趣事，把杭州描绘成人间天堂一样。

李阁郎听了心里痒痒的。他还记得读过意大利旅行家马可·波罗的游记，说杭州是"世界上最美丽华贵之天城""赏心乐事是如此之多，以至人到那里，仿佛置身天堂一般"。之后，李阁郎对杭州的向往越来越强烈，他下决心要来杭州走一走，拍一拍照片。内陆旅游开放后，李阁郎迫不及待地带着笨重的照相设备第一时间来到了杭州。

马车车夫知道李阁郎一行的来意后，直接把他们拉到西湖南山路上。这时已经是傍晚时分，李阁郎想找个地方栖宿，正在放眼四顾时，突然看到一幕奇景：一轮夕阳穿过云层投射在湖面上，一座饱经沧桑的老塔傲然屹立，塔身披着夕阳，金光灿烂；西湖边上的亭台楼阁金碧辉煌，湖面波光粼粼，山光倒映，如金镜初开……此时此景，犹如仙境，美不胜收。车夫告诉他，这是西湖十景之一的"雷峰夕照"。

李阁郎一路流连，一路回望，被一刹那神奇的美景惊得目瞪口呆。他深深地呼吸着西湖边清新的空气，仿佛自己置身于一个神话世界。怪不得人们常说杭州是"人间天堂"。

雷峰塔 路易·李阁郎摄 1859年

第二天早晨，李阁郎带着照相设备，走出涌金门，在西湖南面正式开始摄影创作。从涌金门走到柳浪闻莺，沿着湖畔过清波门走向雷峰塔，一路上清脆的鸟鸣声奏响了优美的晨曲，幽幽的花香随风飘来，令人心旷神怡。他到达拍摄雷峰塔最佳位置后架起相机，专心致志地开始创作。一系列的抹药水、装湿片、调焦、构图之后，李阁郎揭开相机镜头盖进行曝光，一张雷峰塔的照片诞生了。

李阁郎拍照时引来了许多好奇的杭州市民围观。大家从来没有看过金发的外国人，更没看过那个叫照相机的新式玩意儿。

次日凌晨，他又来到宝石山下，沿着葛岭的山路拾级而上，抬头仰望，保俶塔立在宝石山上，漫天的朝霞映红了半边天，染红了西湖，也洒满了宝石山。朝霞中的保俶塔如刚出浴的美女，亭亭玉立、红光满面，散发出勃勃生机。"宝石流霞"又让李阁郎兴奋了半天。他远远欣赏着"美女"，跑前跑后，跑左跑右，要寻找一

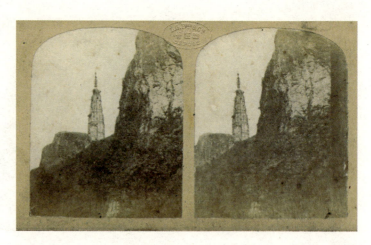

保俶塔　路易·李阁郎摄　1859 年

个最佳的角度来展现保俶塔"美女"的神情。最后，他停下脚步，架好三脚架，以一处山石为前景，拍摄了一张照片，突出表现"美女"的羞涩和神秘，让人触不可及。

李阁郎也感叹，杭州太美丽，按下快门就是一张艺术照片。

李阁郎没有想到，他在西湖边摁下的快门，成就了杭州第一批摄影作品，他也成了杭州的第一位摄影师。他摁下的快门穿越了时空，成为杭州摄影史起点。

之后几天，李阁郎在杭州游玩和拍摄创作，每到一个地方，都会引来市民围观。杭州的美景、美食让他回味无穷。

李阁郎在杭州拍摄的是蛋白立体照片，照片制作十分考究，用的是上好的卡纸。卡纸上方两张照片之间都盖有一戳椭圆形的署名钢印，上下是他的外文名字，中间是他的中文名——李阁郎。据了解，李阁郎在中国拍摄的立体照片有 80 余组，大部分收藏于法国巴黎的国家图书馆。

路易·李阁郎钢印

立体照片和观片器

　　立体照片产生于 19 世纪，由特殊的双镜头照相机拍摄，利用人双眼的视差，由两张略有差异的照片并排贴在卡纸上，通过专门的观片器，可以看到照片非常独特的三维立体效果。立体照片一般由职业摄影师拍摄，按专题成套制作，发行数量一般比较大，普通家庭都可以购买这些成套的照片。足不出户了解世界，身临其境进行全球视觉旅行，在当时非常受欢迎，立体照片成为必备的时尚家庭用品，在欧美流行了近百年。

保俶塔附近石龛中的神像　路易·李阁郎摄　1859 年

　　由于战乱等历史原因，19 世纪外国摄影师拍摄的照片基本上都留存在国外。近些年，随着经济的发展和对传统文化的重视，这些老照片陆续被国内的收藏机构或收藏家购回。

　　2017 年 7 月，在西泠印社拍卖有限公司的春季拍卖会上，李阁郎拍摄的《保俶塔》《雷峰塔》《保俶塔附近石龛中的神像》《通往雷峰塔的小径》四幅杭州老照片以 19.55 万元的价格被买家购得并收藏。

　　《保俶塔附近石龛中的神像》即宝石山造像，宝石山造像始建于元、明，全长 50 余米，共 28 尊，毁损于"文革"期间，后复建，但制作粗滥不堪。此幅照片造像精美完好，有两个游客在此游览，极具史料价值。

　　下面这张照片背后有作者手写的"通往雷峰塔的小径"，拍摄地点应该在雷峰塔附近。晚清时期，雷峰塔四周杂草丛生、破败不堪，而此幅照片小路清幽干净，建筑物古雅整洁，判断为净慈寺附近所摄。

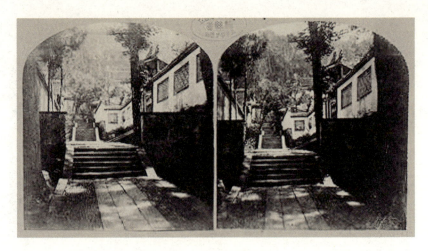

通往雷峰塔的小径　路易·李阁郎摄　1859 年

　　毫无疑问，李阁郎在杭州拍摄的不仅仅只是这四幅作品，至于拍摄了多少，还去过什么地方，还需要进一步考证。但他拍摄的保俶塔、雷峰塔等照片，是目前能查证到的杭州首批摄影作品，他也因此成为第一个拍摄杭州的摄影师。

　　以后，陆续有外国摄影师来到杭州，拍摄了杭州的山水景观和人文风情。杭州进入了影像记录和影像表达的时代。

历史悠长的杭州，
虽遭受过劫难，却也别有韵味

清同治七年（1868）的春天，一位大胡子、蓝眼睛的外国人来到杭州，他是瑞士人阿道夫·克莱尔（Adolf Krayer），英国伯沃·汉贝瑞公司驻上海的丝绸监察员和采购员。他更是一位摄影爱好者，不仅自己拍照片，还常常收藏当时知名照相馆和摄影师拍摄的照片。他也是一名"驴友"，喜欢走南闯北旅游。在上海工作生活的八年期间，他游览了中国很多地方，除上海及周边外，还在 1865 年去了汉口及长江沿岸，在 1867 年去了宁波及其周边，后来又去了中国南部多个港口城市，还北上去了北京。

克莱尔一直用镜头记录沿途看到的有时代痕迹的场景。他特别细致，每拍一张照片，都要标注拍摄的时间、地点，以及当时的创作背景。他的著作《当东方还如此遥远》，就是在中国时写下的日记，其中有相当的篇幅描写了杭州即将消失的老百姓的生活场景。

这次，他来到了杭州。此时的杭州，刚刚从太平天国战争的阴影中走出来。

太平军先后两次攻克杭州，清军和太平军在杭州作

杭州城一角　阿道夫·克莱尔摄　1868年　韩一飞收藏

战，杭州的很多城墙、建筑损毁于战火。

克莱尔看到了杭州城仍然有许多断壁残垣，也看到了西湖天然的美景。克莱尔在日记中写道："雄伟的城墙内一片萧条，只有市中心一小部分区域还有些幸存之物，其余的都是满目疮痍、一片荒凉。太平军的破坏力似乎是无法控制的，他们显然将这座城市所有的房屋彻底摧毁了，变成魔鬼般的杰作。"

克莱尔也看到战后重建在迅速进行，有些建筑已重建完毕，还有许多地方正在修缮和重建，城市元气正在复原之中。

克莱尔很喜欢杭州的秀美，他要拍一张杭州的全景照片。

他大概是从现今南宋皇城遗址位置的曲径通幽处往

杭州城全景　阿道夫·克莱尔摄　1868年　韩一飞收藏

吴山拾级而上，在今吴山城隍阁附近找到理想拍摄点，架起三脚架，一边取景对焦，一边欣赏杭州城的全景。

杭州城是气势雄伟和富有生机的。近处虽然还能看到破损的建筑，但全城仍然房屋林立，充满生机。远处城墙、城门依然雄伟挺立；西湖上雾气氤氲旖旎，若烟若尘；宝石山山色青黛，清新淡雅；保俶塔亭亭玉立，恬静优雅。杭州城犹如一幅美丽的山水画卷，别有一番意境。

克莱尔摁下快门，拍下了这张杭州城全景照片。

他拍摄的这张照片，是目前发现最早的拍摄杭州城的全景照片。

之后，陆续有外国人从不同角度拍摄杭州城全景，或者以文字的形式记录了杭州城墙及城内的情况。

清光绪三十四年（1908）春，美国青年西德尼·戴维·甘博（Sidney David Gamble）首次跟随父母来到中国杭州旅游。甘博生在美国俄亥俄州辛辛那提市，他出身豪门，是宝洁公司创始人之一詹姆斯·甘博（James Gamble）的孙子。

甘博是一位狂热的摄影爱好者，他对杭州的山山水水、历史古迹和老百姓生活产生了浓厚的兴趣，拍摄了大量照片。

此后，他多次被派遣到中国从事社会调查。1917 年至 1919 年重回杭州调查期间，甘博几乎走遍了杭州城的大街小巷，又拍下了大量表现杭州历史人文景观的照片。

这里，笔者从甘博拍摄的众多杭州照片中，选择一组拍摄杭州城区外貌的照片，让我们对当时杭州城市的外貌有个总体印象。

在阿道夫·克莱尔于 1868 年拍摄的《杭州城全景》中，可以看到不少建筑物的废墟，战争的痕迹尚在。

而 1908 年甘博拍摄的《杭州城鸟瞰》照片的左中部分，可以看到城墙之内仍然有不少空置土地，说明城市发展仍然比较萧条。到 1919 年甘博拍摄的《杭州城俯瞰》，杭州城建筑则已经是鳞次栉比，呈现出"三吴都会，钱塘自古繁华"的盛况。

杭州全城建筑风格统一、古朴典雅、端庄大方，与连绵的山岳、平静的湖面融为一体，十分协调。整个城市俨然一幅山水画，近处是繁华的城市建筑，中间是平静的湖面，远处是起伏的山峦，若隐若现，若虚若实……

杭
州
风
韵

HANG

ZHOU

杭州城鸟瞰　甘博摄　1908年

杭州城俯瞰　甘博摄　1919年

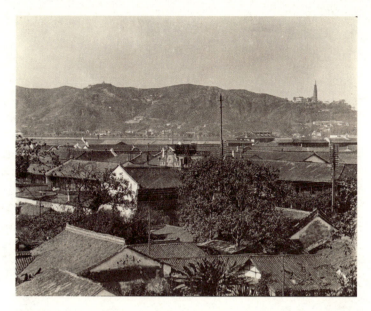

眺望湖滨和葛岭　甘博摄　1919年

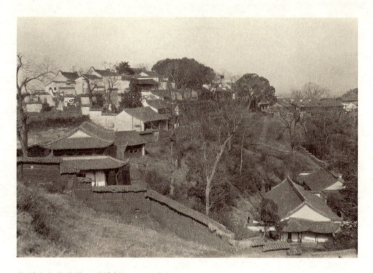

杭州山上的建筑　甘博摄　1919年

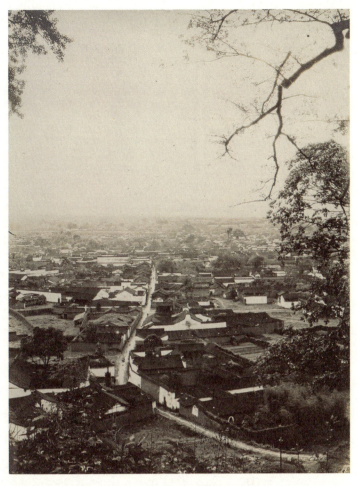

进入杭州城的一条道路 甘博摄 1908 年

这些历史影像为我们展示了一百多年前古色古香、别有韵味的杭州，也为后人了解一百多年前的杭州提供了重要文献。

杭州的"门面"
曾经是那样的迷人

湖光山影映钱塘

H A N G

Z H O U

1865 年 5 月的一天，英国传教士慕雅德（A. E. Moule）作为英国圣公会华东教区秘书从宁波调到杭州工作。他乘坐一条船，沿着浙东运河，从宁波经绍兴到西兴，再从西兴换渡船过钱塘江到达对岸的杭州。一路的行程让他倍感新奇和兴奋。特别是到达杭州城后，厚重的城墙和包有铁皮的城门，让他印象更加深刻。后来一有时间，他都要到城墙上走一走，到城门边看一看，并对杭州的城墙、城门进行了深入的研究。他于 1891 年撰写了《新旧中国：来华三十年的个人回忆和观察》一书，其中对杭州的城墙和城门作了细致而生动的描写，并对杭州城墙一千年的演变和发展进行了阐述。他写道：

> 杭州最古老的城墙始建于隋朝的公元 606 年，全长 36 里或 10 英里，在唐朝的公元 891 年，被扩建到了 70 里或 20 英里。

> 在 12 世纪的南宋时期（公元 1159 年），杭州的城墙似乎又继续扩建到了全长 100 里（按照马可·波罗的说法）或大约 30 英里。到了 14 世纪中期继元朝之后的明朝，它们又被缩短到了 12 英里，或是恢复到了跟最初的城墙差不多的长度。[①]

①沈弘：《论慕雅德对于保存杭州历史记忆的贡献》。

对杭州城墙历史如此简洁而又有具体数字说明的阐述是很难见到的。杭州的城墙十分高大，同时向外倾斜，以防止敌人向上攀爬，因而走在墙下会使人有一种压迫感，令人望而生畏。慕雅德接着描写他从宁波到杭州的经历：

怀着一种敬畏的心情，我们穿越了一座巨大城楼的阴影，进入杭州城内。城门下高耸的圆拱形门洞高达 25 英尺，用城砖和花岗岩垒成的城楼上面筑有胸墙和炮眼，城楼的最上层是卫兵驻守的楼阁，这是一个朝南的宽敞大厅，朝北墙上的窗户都已被封死。穿过城楼上的炮眼，有几门旧式火炮黑乎乎的炮口正对准我们。除非敌情紧迫，或是马上就要调来一位新的巡抚，中国城市的防御措施一般都是极其松懈的……

中国的城墙甚至对于现代的炮兵来说都是一道令人望而生畏的屏障。它们是用土方和石块堆积起来的庞大建筑，城墙的底部很宽，越往上越窄，而且它们的最外层是用花岗岩砌成的。城墙的顶上铺有石板，一般的宽度可允许六七个人并排地行走，并且可以受到胸墙的掩护。

慕雅德又告诉读者：

除了按日出和日落的时辰开闭城门的古老规则之外，在杭州守护城门的卫兵还有一种特殊的做法，即每天在太阳落山之后，他们会在城楼顶上的大厅里点上一支红蜡烛，这样就可以给人们进出城门多留出一个小时来。蜡烛的火苗一灭，城门便会立即关闭，门闩也会马上落榫。

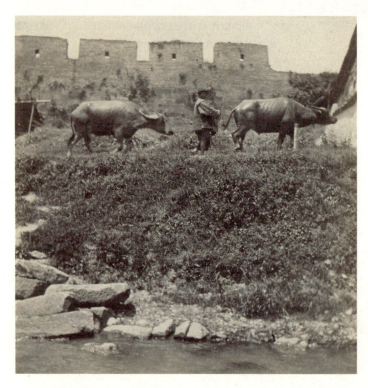

杭州城墙下的牵牛人　甘博摄　1908 年

　　木制城门的正反两面都被蒙上了一层铁皮；城门被关上之后，城门的两边都会用巨大的门闩加固，而且在门闩上还会另外加锁。日落关闭城门的规定还适用于城墙四周的各个水门。在水门的门洞上会放下一个用铁栅栏做成的吊门，离水面的空隙大约只留下 6 英寸，以防任何船只在晚上从水门进出。

　　可见，当年杭州的城墙是很有特色的。然而，作为城墙的一部分，杭州的城门也非常有意思。

　　据相关资料记载，1860 年前后，杭州有十座城门，依次为武林门、钱塘门、涌金门、清波门、凤山门、候潮门、望江门、清泰门、庆春门和艮山门，以及凤山、艮山、武林等水门。

20 世纪初，有不少外国摄影师拍摄了杭州的城门，这些影像成为今天研究杭州城门的重要文献。

1917 年，甘博第二次来杭州，背着摄影器材来到了凤山门。他仔细观察着这个水陆门：一边是城墙大门，一边还有一个水门，水门横跨在中河上，时常有一艘艘满载货物的摇橹船缓缓地进进出出。他对水门十分感兴趣。这时，一位春游的富家子弟骑马踏青经过。他问踏青的人，这个水门两岸为什么如此繁华热闹？踏青游人告诉甘博，这附近以前是南宋朝廷三省六部、诸官署所在地，为南宋时期的政治中心。甘博就一边走，一边深入采访，一边摄影，从周边百姓的口中得知，钱塘江水自龙山河涌入凤山水门，通过城内纵横的水道，出武林门水门，和京杭大运河连在一起。凤山门既是龙山河的北端终点，也是扼守江南运河通往钱塘江的咽喉。

杭州大运河凤山水门　甘博摄　1919 年

这时，一艘满载货物的小船穿过水门船洞，他迅速撳下了快门。从这张照片（上图）上可以看到船洞上面蔓藤绕墙，载满货物的船穿洞而过，水面上还留有倒影。甘博拍下的这张照片，也许只是他许许多多照片中的一张而已，却为杭州留下了极为珍贵的影像记忆。

如今凤山水门及附近二十米的河道，仍然保留元明时期的风格，凤山水门两边都已经断头，只剩下了中间拱形的一段，顶部还是城墙的形状。城门北面，藏青色的石砖古朴而沉默，转到南面，就可以看到刻在拱门上方的"凤山水门"四个字。2014年，凤山水门成为世界文化遗产中国大运河的遗产点，成为大运河杭州段珍贵的闪光点。

时光如水。水门周边依然熙熙攘攘，唯有水门静静地矗立在中河上，似乎在向来来往往的每一个人讲述着隽永岁月。

甘博在杭州进行社会调查的日子里，花了不少精力拍摄杭州城门。这一天，他来到清波门外，仰望古色古香、古韵悠扬的巍峨城楼，城门外不远处就是西湖，眼下又正是春意盎然的季节，清风徐徐，湖面波光粼粼，清波门实在是一个富有诗情画意的城门名字。甘博为了拍好清波门的照片，一直守候着，他希望城楼下面通往城里的石板路有人走过。当他看见一男一女款款向他走来时，立即撳下快门。甘博拍摄的特点是会在静物中寻找一个参照物做比对，使画面充满了生机。

清波门通往南山，古时候市民需用的柴炭多从此门运入。清咸丰十年（1860），太平军挖地道炸破清波门城墙数丈，从这里进占杭州。继清波门之后，甘博又拍摄了钱塘门。钱塘门在离杭州西湖东面最近的地方，是

杭 州 风 韵

H A N G

Z H O U

杭州凤山门　威廉·埃德加·盖洛摄　1911 年

杭州城清波门　甘博摄　1919年

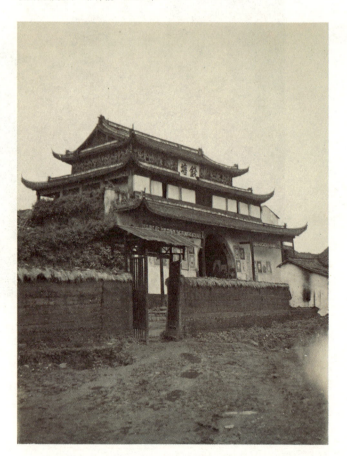

杭州城钱塘门　甘博摄　1908年

杭州最古老的城门之一，早在隋朝筑城的时候就有钱塘门之称。杭州称为钱塘可以追溯到秦汉时期。自南宋以来，钱塘门外多佛寺、楼台。

甘博站在钱塘门外，怀着崇敬的心情，久久地注视着曾经狼烟烽火的城楼，仿佛窥见了从前的战火风云。清晨，当两扇城门被轻轻打开，杭城前往灵隐天竺进香的人，由钱塘门涌出，开始虔诚的朝圣、敬香。因为进香的人从钱塘门进出，所以这里有杭州城最大的香市。"钱塘门外香篮儿"，说的就是钱塘门外的香市，到处都是装香的篮子、提香的人，一派繁华，闻名江南。甘博镜头下的钱塘门虽然有明显的沧桑感，但很清晰地向我们展示了完好的城门，甚至可以看出墙体有砖块脱落的痕迹。

如今在杭州庆春路和湖滨路交叉处，立有一块"古钱塘门"的石碑，古时杭州十城门之一的"钱塘门"遗址于2008年进行了考古发掘。2011年，杭州西湖入选世界遗产名录，钱塘门遗址成为世界遗产名录中杭州西

杭州清泰门旗杆旁的士兵 甘博摄 1908年

湖的 24 个核心景点组成部分，钱塘门也是目前游览西湖风景区的最佳地点之一。

清泰门是杭州的正东门，又叫螺蛳门，因为清泰门附近水网交错，螺蛳众多，百姓就亲切地称呼其为螺蛳门。清泰门的历史可以追溯到吴越王钱镠时期，当时称为南土门，其真正被称为"清泰门"的年代是在元朝，"清泰"二字是元朝时期所取，一直沿用至今。

清泰门外沿钱塘江一带直至江水入海处，是早年煮海盐的地方。明清时期，钱塘江的沙滩上灶户林立，煮海成盐，卖与盐商，分销各地。朝廷在此设立批验盐引所，故盐商大都住在繁华的清泰街上，出清泰门就是盐场，因而清泰门来来往往的都是担盐的人，也就是杭州谚语"螺蛳门外盐担儿"的来历了。

1908 年，甘博在清泰门拍照，适逢一队新军在此活动，便拍下了一张照片，清泰门也从此留下了影像。

竹排从凤山水门进入杭州城 迈耶摄 1915 年

1915 年 6 月，荷兰摄影师弗兰克·尼古拉斯·迈耶
（Frank N. Meyer）拍摄了一幅男子放竹排从水城门进
入杭州城的照片。迈耶在照片说明中写道："1915 年 6
月 28 日，从浙江南部运来的竹排顺流而下，进入杭州城。"
迈耶没有注明是杭州哪座城门，但杭州城的壮观、华丽
和神秘却跃然于纸上。

杭州的历史，犹如长长的画卷，早期摄影师用手中
的镜头，为我们定格了悠长岁月中的一块块古砖墙、一
座座古城门……我们仿佛在这些老照片中，穿越时空与
历史对话。

1911 年辛亥革命之后，曾经作为八旗兵兵营堡垒屏
障的西城墙和清波门、涌金门、钱塘门被拆毁，其余的
城墙城门也陆续被拆毁，除了凤山水门得以幸存，以及
庆春门在原来的遗址上新建了一座城门之外，杭州城原
有的其他城墙、城门均被拆毁，只在城门的原址上各立
一块石碑，以作纪念。

拍摄建筑的德国摄影家
到了杭州却钟情于拍摄西湖风光

清光绪三十三年（1907）冬天，德国建筑学专家恩斯特·柏石曼（Ernst Boerschmann）来到了杭州城。他是以德国驻北京公使馆官方科学顾问的身份，在中国进行建筑艺术考察。几年时间内，柏石曼跋山涉水穿越了十二个省，行程数万里，拍下了数千张反映古代皇家建筑、宗教场所和民俗风情等极其珍贵的照片。

他原计划是专门来拍摄杭州的祠堂和古建筑，但却被杭州的风光所吸引。漫步白堤，刚好雨过天晴，空气浸润着甜甜的味道，西湖里一条条小鱼自由自在地游来游去，平静的湖面升腾起一层层薄薄的雾气，湖面犹如柔顺的面纱。远处的雷峰塔像蒙着一层缥缈的白雾，后面的山峰若隐若现，时而雾气飘散，时而又被雾气湮没了，影影绰绰犹如一个睡意未醒的仙女，披着蝉翼般的薄纱，含情脉脉，凝眸不语。柏石曼从来没见过如此迷人的江南美景，瞬间被西湖美景吸引得流连忘返。

一人在西湖边漫步，他觉得自己心也跟着静了下来，时光也慢了下来。初冬时节，人是静的，山是静的，水是静的，落叶也是静的，连人们说话的声音都是轻轻的，静得幽深，静得祥和。他拍下了西湖边的一个牌坊，一

西湖行官牌坊　恩斯特·柏石曼摄　1910年

艘小船停在牌坊边上。牌坊的后面，曾经是清朝皇帝的行宫，当年戒备森严，威严凛凛，如今已经是人们可以自由进入的中山公园。

　　这天下午，柏石曼登上了南屏山，鸟瞰西湖。旷阔的湖面，微波轻漾，瀛洲岛漂浮湖中，夕阳在湖面洒下了层层斑驳的光影，晚霞映照在湖面，湖底好似有金子似的金光灿灿，湖畔的垂柳与夕阳互相映照，美不胜收。他不禁想起前几天中国朋友介绍的苏东坡的那首名诗：

　　　　水光潋滟晴方好，山色空蒙雨亦奇。
　　　　欲把西湖比西子，淡妆浓抹总相宜。

　　柏石曼架起相机，采取了以净慈寺、雷峰塔为前景，以西湖小瀛洲为中景，以远处宝石山和隐隐约约的保俶塔为远景这样的三分构图法。夕阳下的雷峰塔与宝石山的保俶塔隔湖相映，柏石曼摁下快门时，将情感与景物融合在一起，所以他的作品不会空洞，而是空灵。

杭州全景图　恩斯特·柏石曼摄　1910 年

飞来峰　恩斯特·柏石曼摄　1910 年

　　柏石曼来到千年古刹灵隐寺的那天，天上下起了淅淅沥沥的小雨，细雨中的古刹分外静谧，整座寺宇笼罩在一片淡淡的晨雾之中，有云有林，树木茂盛，身边溪水潺潺，一溪之隔就是山峰和众多的佛像石雕。柏石曼徜徉在佛国空灵出尘的胜境中，感受着佛门的清净与祥和。他镜头里的灵隐寺理公塔，塔身右边的诸多神龛保

岳飞墓　恩斯特·柏石曼摄　1910 年

存得十分完整，镜头里还闯进去一位路过的僧人。

柏石曼在灵隐寺静静地瞻仰着众多佛像，虽然他不信仰佛教，但他欣赏东方特有的建筑和佛教气息、金黄色的墙壁、翘起的古色古香的檐角，用心感受着浓厚的佛教文化氛围。

柏石曼在杭州除了拍摄风光，还拍摄了岳飞墓、文澜阁、圣因寺十六罗汉刻石等等。不管他在杭州拍了多少照片，他还是对西湖山水情有独钟。

岁月流逝，百年沧桑。那时候清朝虽然已经穷途末路，但杭州百姓的生活还是安静祥和。杭州西湖风光融入了岁月的年轮，将人间天堂的美称诠释得淋漓尽致。

除柏石曼外，清末民初一批外国摄影师用光影还原着历史，记录着时代的变迁，在年轮的磨损中，沉淀着不同的时代记忆。

西湖边的灵隐寺　幕雅德摄　1912 年

杭州延龄路　甘博摄　1919 年

西湖依旧柔美妩媚，而一些古建筑早已面目全非或消失殆尽，我们从柏石曼等一批晚清来杭州的外国摄影师的作品中，或许可以寻觅到当初的些许踪影，体味到厚重的历史况味。

第二章

千年古迹的重生

题记：

　　在西方摄影师穿越时空的镜头下，从昔征到朱智，从藏书家丁丙、丁申兄弟到浙江图书馆首任馆长钱恂，一拨又一拨杭州先贤前赴后继、侠肝义胆，以奋不顾身的家国情怀，用生命和热血修缮和保护中华民族弥足珍贵的历史文化遗产。

一组老照片，
见证灵隐寺的风雨沧桑

清宣统二年（1910），一个隆冬腊月的下午，杭州城天空飘起了罕见的鹅毛大雪，由城北往灵隐方向载着美洲红松木的马车车队缓缓驶过街巷，积雪在车轮下发出了嘎吱嘎吱的声音。前面的马儿鼻中打出一个响嚏，喷出一口白气，发出了一声长长的嘶鸣，后面一根红松木头的一边，一百来个壮汉，用绳索捆住木头，一寸一寸地挪动。旁边站着工头，喊着号子。抬木头的壮汉每人一只手拿着一根木棍，一边肩膀抬着美洲红松木，每

被烧毁的灵隐寺大雄宝殿只剩下香炉　阿道夫·克莱尔摄　1860年

灵隐寺重修前的原址和香炉

挪动一小步，木棍就向前插在雪地里，一步一个脚印。

前面马车徐徐驶过，声音寂寥而单调。迈着沉重步伐的骏马，稳稳地拉着一车车木头，后面的号子声划破天空。人们无不好奇，这么大这么长的红松木到底是从哪里运过来的，又要运往哪里去？

围观人群中有消息灵通的人士在大声说道："灵隐寺住持昔征又要修建大雄宝殿了！建殿木料是从美洲运过来的，快来看啊！这么粗这么大的红松木头真是少见啊！"

霎时，不少人从屋子里跑出来观看踏雪马车，马蹄声、号子声像是设计好了的节拍，近了、更近了，一辆辆马车随着主人的指引一步一步向前挪动。

灵隐寺，是中国佛教禅宗十大古刹之一。它位于

重建中的灵隐寺大雄宝殿　费佩德摄　1919 年

杭州市西湖区，背靠北高峰，面朝飞来峰，至今已有近 1700 年的历史。

如今，杭州灵隐寺大雄宝殿里的 24 根梁柱经过防潮、防蛀和混凝土加固后依然顶立在原地。高高耸立的柱子，每根都要两人手牵手环着才可以抱住，它们全部来自遥远的美国。大雄宝殿高 33.6 米，气势巍峨，雄伟壮观，是中国保存最好的单层重檐寺院建筑之一。

灵隐寺跟中国其他寺庙一样，三番五次地被火吞没，最惨的一次是在清咸丰十年（1860），被毁成一片灰烬。太平军攻打杭州期间，把灵隐寺以及附近的上、中、下三天竺，全部用火烧了一遍。

灵隐寺此后一直狼藉一片，直到清宣统二年（1910），江苏人盛宣怀自愿出资十五万两银子，准备重建灵隐寺大殿。但这么高的大殿，那得需要多粗壮有力的柱子啊！

盛宣怀把目光投向了太平洋另一边的美国，那里有俄勒冈红松，长得那叫一个五大三粗。盛宣怀可不是胡乱投目光的，美国那边有个大商人朋友叫大来先生，每年在中国赚的银子都是一车一车地运走的。大来先生白手起家，14岁在木材厂打工，后来自己开木材厂，终于成了木材大亨。大来先生又投资国际轮船运输，到中国的航线是他的优质航线。盛宣怀先生目光所投的地方，所有的红松全部属于大来先生。

盛宣怀千方百计找到了大来先生，这批红松原是李鸿章用以建海军军舰的木材，之后一部分被慈禧太后用以建北京颐和园。这次，盛怀宣先生需要红松木，无论如何也得帮忙给他一些，大来先生正要伸手从口袋里掏支票，当他听到盛宣怀要的红松木是为了修建灵隐寺的大雄宝殿时，当即说"所有的红松我送给你们，而且负责运到杭州灵隐寺大雄宝殿门口"。大来先生跟许多富翁一样，钱赚够了喜欢做些善事，但这次完全是出于盛宣怀先生的面子。大来先生许诺盛宣怀后，立即让伐木

即将峻工的灵隐寺尚未悬挂大殿牌匾　二我轩照相馆摄　民国初年

工人翻山越岭找遍美国山头，把全美国最高最大的 28 棵红松全部砍了，尽快跨越太平洋送到杭州灵隐寺大雄宝殿门口。

于是，这批全美国最大的 28 棵红松木，乘坐大来先生自己家的轮船，来到了上海，然后几经周折，顺着京杭大运河来到杭州，又被想尽办法运送到灵隐寺。这些红松木，每一根都有四五十米长，有二十来吨重。当时，通往灵隐寺的路是一条土路，仅仅在路中央铺了石板，马车都只能装一些小的木头，一棵大的红松木需要两百个壮汉花好几天才能抬到灵隐寺。到如今，大来先生的红松木还整整齐齐地站在释迦牟尼佛前后左右。

在将近 1700 年漫长的岁月中，灵隐寺多灾多难，多次被毁而又多次重修，几经兴衰，历经风雨沧桑。然而，野火烧不尽，春风吹又生，灵隐寺一次次顽强地从废墟中涅槃重生，不能不令人惊叹信仰的力量！

灵隐寺的前世今生应该从东晋咸和元年（326）说起，从印度来的一个名叫慧理的和尚，他云游到杭州，见这里山清水秀，白云缥缈，怪石嶙峋，很像印度的灵鹫山，十分惊讶地叹道："此乃中天竺国灵鹫山下的小峰，怎么会飞到此地来呢？佛祖如来在世时，灵鹫山多为仙灵所隐之地，看来这地方也将会成为佛国佳境。"于是，他便在这里建寺，取名"灵隐"，将寺前这座山峰称作飞来峰，意指从天竺飞来。后人为了纪念慧理和尚，在飞来峰山脚下，修了一座七级浮屠，名为"理公之塔"，慧理的遗骨就埋在塔内。此塔于明万历十八年（1590）重建，是杭州市唯一现存的明代石塔。

飞来峰造像始建于五代后周广顺元年（951），经宋、元、明等朝代持续修凿。飞来峰共存有五代、宋、元、明造像 300 余尊，以及大量的摩崖题刻。这些造像主要分布在飞来峰脚下自南而北排列的青林洞、玉乳洞、龙泓洞等天然溶洞内，以及北面冷泉溪的长约 500 米的东西向崖壁上。在飞来峰众多的造像中，有一龛雕刻于公元 12—13 世纪的代表性造像，是飞来峰现存规模最大的造像，这尊造像是大肚弥勒佛。大肚弥勒佛备受游客青睐，一年到头天天有人排队合影。弥勒佛的大肚代表坦荡的胸怀，他永远是喜庆的笑脸，慈眉善目，身周环绕十八罗汉，十八罗汉姿态各异。

清康熙二十八年（1689），康熙帝南巡杭州时，曾登寺后的北高峰顶览胜，当时的住持谛晖，请康熙皇帝题一块匾额。康熙帝看到山下云林漠漠，整座寺宇笼罩在一片淡淡的晨雾之中，显得十分幽静，于是就赐名灵隐寺为"云林禅寺"。现在天王殿前的那块"云林禅寺"四字巨匾，就是当年康熙皇帝的御笔。之后，康熙皇帝在三十八年（1699）、四十二年（1703）、四十四年（1705）又三至灵隐，均有诗文留下。

乾隆初年，住持巨涛嗣法谛晖，博涉群书，于佛学造诣颇深，为朝野所重。当时光禄少卿扬州汪应庚来游灵隐，与巨涛一见如故，捐资重修大雄宝殿及其他殿、堂、阁、轩、楼、亭等数十处，又补饰五百罗汉，修理合涧桥、龙泓洞、鹫峰径等，总计花费了二万余两银子。从乾隆六年（1741）十月至乾隆九年（1744）十月，历时三年。乾隆帝分别六次驾幸灵隐，都留有诗文刊刻于石。

清嘉庆二十一年（1816）秋，灵隐寺毁于火灾。这次的修复工程，自清道光三年（1823）七月七日始，至道光八年（1828）四月十六日止，共计用银十三万七千余两，使得灵隐"还灵鹫之壮观，复名山之胜景"。

用美国红松做支柱建成的大雄宝殿　梅尔彻斯摄　1918 年

　　道光十四年（1834），阮元为浙江巡抚，对灵隐寺关照有加。他主持刻书，议藏灵隐，故建了"灵隐书藏"。

　　咸丰十年（1860），太平军入杭州，大多寺宇被毁，灵隐寺仅存天王殿与罗汉堂。灵隐书藏中的大量珍贵藏物流入民间乃至湮没。

贯通法师于 1908 年圆寂后，由昔征继任了住持。宣统二年（1910），重建大雄宝殿，其高十三丈五尺，建殿木料从美洲运来。这一年，灵隐寺迎来了一次大整修，这次修整的主持者正是当时的寺院住持昔征。

可修建灵隐寺是一项很大的工程，单凭昔征一人的力量是无法重建的。这时，他得到了号称近代我国商业之父盛宣怀的帮助。

盛宣怀的父亲盛康在杭州任官期间经常去灵隐寺游玩，一来二去，便和寺内的住持交往很深。后来，盛宣怀便出资帮助昔征修整灵隐寺。

千百年以来，灵隐寺历经风风雨雨，多灾多难。现在寺院里规模最大的大雄宝殿是在清末重建的基础上经历三次维修后形成的。整个院落中轴线上自南向北依次是天王殿、大雄宝殿、药师殿、法堂（藏经楼）、华严殿；东西两侧分别建有钟楼、鼓楼、五百罗汉殿、济公殿等。天王殿，为清代风格的重檐歇山顶砖木结构建筑，殿内供奉有四大天王、弥勒佛及韦驮天王，两侧是高近 8 米的四大天王塑像，都是民国时期塑造。弥勒佛塑像后的韦驮天王，由一整块香樟木雕刻而成，是南宋初期留存至今的珍贵遗物。大雄宝殿内正中奉供的是佛教创始人释迦牟尼，佛像用 24 块木雕刻而成。

经历了七次大火的灵隐寺，凤凰涅槃，浴火重生，每每逢凶化吉，遇难呈祥。人们相信有"佛菩萨"在庇佑，而这些庇佑灵隐寺的"佛菩萨"不是释迦牟尼的法身，而是住持灵隐寺的高僧大德们，是他们坚定信念、风雨不动，坚持弘法化施，使得灵隐寺走出困境，一路走到今天，呈现给世人的还是那般的香火和般若。

灵隐寺前留影　民国初年　韩一飞收藏

　　灵隐寺虽然几经兴衰，依然名扬四海。到了达盖尔摄影术发明之后，特别是清末民初时期，一些外国摄影师纷纷慕名来到杭州拍摄西湖风光和灵隐寺，留下了一些珍贵的老照片，让后人还原历史。

　　如今善男信女进入灵隐寺，过来朝拜的，都是缘分，也是有佛缘之人。从天王殿开始，到大雄宝殿，再到药师殿，一路上只见香烟缭绕，善男信女们手捧香烛，沿着浓浓的香火，虔诚地朝四面叩拜。来这里的人，多半是祈福或者求愿，无论你信不信，有一颗虔诚之心，也难能可贵了。

在灵隐寺堂前悬挂着一副对联，经历了许多年的风风雨雨，曾经点醒无数迷茫的人。这副对联是这样写的：人生哪能多如意；万事只求半称心。细观这副对联，内容虽然朴实无华，却饱含着深刻的人生哲理。

人生哪能百分之百满意，很多人过度追求完美，常常是"这山望着那山高"，得陇望蜀，得不偿失。万事只求半称心，不是无奈和消极，而是一种大智慧。让我们保持一种"半称心"的心态，做个知足常乐之人。

一张格罗夫斯的照片，
引发杭州人朱智用生命修缮六和塔

清光绪二十一年（1895），曾任兵部侍郎的杭州人朱智拿着格罗夫斯拍的六和塔照片，泪流满面，心痛不已。当时六和塔光秃秃的塔身裸露在外，好像将军打过败仗没穿衣服一样。

原来，在太平天国运动期间，六和塔惨遭火焚，除了宝塔塔心外，其余均化为灰烬。作为兵部侍郎的杭州人朱智，因失职没有保护好千年古迹六和塔而感到深深自责。

朱智，字茗笙，杭州人。咸丰元年（1851）举人。历任工部主事、军机处章京等职，光绪五年（1879）任兵部侍郎，光绪七年（1881），朱智告老还乡，回到原籍杭州。谁能想到，已在朝中宦海浮沉近三十年的朱智并未就此沉寂，而是又开启了一段浓墨重彩的人生。

朱智一生的黄金时期，都生活在北京城里，而且，多半时间是在紫禁城内太和殿后边的军机处章京值房中度过的。朱智在历史上之所以为学者称道，主要是因为他补写了梁章钜编纂的《枢垣记略》。此书是专门介绍军机处的建立、职能，以及人员组成的资料汇编。

太平天国战争后的六和塔　格罗夫斯摄　晚清　韩一飞收藏

在二百多年的清代历史上，有许多高官显贵名噪一时，生前享尽荣华富贵。但是，随着岁月的更迭，他们逐渐被人们忘却。朱智修缮六和塔的故事已经过去120多年了，至今人们一提到杭州的遗产保护，就会想到有名的历史遗产六和塔，而提到六和塔，人们就会想到杭州乡贤朱智，因为朱智是晚清时期为保护和维修六和塔做出重要贡献的历史人物。

六和塔历史悠久，始建于北宋开宝三年（970），从吴越王开始，历朝历代间，六和塔命运多舛，屡毁屡建，我们现在看到的钱塘江畔的六和塔，已完全不是当初的模样。

清光绪十一年（1885），六和塔第一次出现在格罗夫斯拍摄的影像中时，它的相貌惨不忍睹，让多少人感到痛心惋惜。清同治及光绪年间，杭州的三座名塔，雷峰塔、保俶塔、六和塔均只有塔心，但它们随后的命运却大相径庭。其中最不幸的是雷峰塔，它于民国十三年

六和塔　甘博摄　1908 年

（1924）完全倒塌；最幸运的是六和塔，它在 19、20
世纪之交，便迎来了一次感人的新生。

　　六和塔历经千年，由于天灾人祸，多次兴修。太平
军攻打杭州城以后，六和塔一直颓败朽衰。直到清光绪
二十一年（1895），杭州人朱智组织大量人力，在捐资
修筑钱塘江堤坝的同时，更是以自己的身家性命重建六
和塔外部檐廊。

　　史料记载，朱智重修六和塔以木工为主，施工难度
较高，仅搭扎施工脚手架一项，就花了三年时间。因为
工程极为浩大而艰巨，进展缓慢，以至于工程尚未结束，
他便一病不起。在生命的最后时刻，躺在床榻上的朱智，
自知病入膏肓，却仍对修塔工程念念不忘。

　　他去世前在给皇帝的遗折中写道："塘塔工程幸已
及半，唯有遗属家属细心经理，早竣全功，了微臣未竟
之志。"朱智去世后的第五个年头，其孙子朱应鹏终于

实现了爷爷的遗愿。这项浩大的工程前后历时九年，到全部完工时已经是光绪三十年（1904）。可见，杭州先贤朱智呕心沥血，是用生命来修复六和塔的。真可谓，前人栽树，后人乘凉。

据浙江巡抚聂缉椝的奏折记述：自光绪二十一年八月初始至光绪三十年正月，"塘塔两工一律完竣，计塘工六百二十六丈七尺六寸，塔屋三百十二间……所有塘塔两项工程，共用工料银，十万三千四百五十两零"。面对历时九年的浩大工程，聂巡抚不无感慨地奏称："此系独力捐办义举工程，断无不实，且始终未动公款。"

修建好的六和塔在尚存的砖结构塔身外部添筑了13层木构外檐廊，其中偶数6层封闭，奇数7层分别与塔身相通。塔心里面，则以螺旋式阶梯从底层盘旋直达顶层，全塔形成"七明六暗"的格局。塔自外及里，可分外墙、回廊、内墙和小室4个部分，形成了内、外两环。内环是塔心室，外环是厚壁，回廊夹在中间，楼梯置于回廊之间。外墙的外壁，在转角处设有倚柱，并与塔的木檐相连接。墙身的四面开辟有门，因为墙厚达4米，故而进门后，就形成一条甬道，甬道的两侧凿有壁龛，壁龛的下部做成须弥座。

六和塔中的须弥座上有200多处砖雕，砖雕的题材丰富，造型生动，有争奇斗艳的石榴、荷花、宝相，展翅飞翔的凤凰、孔雀、鹦鹉，奔腾跳跃的狮子、麒麟，还有昂首起舞的飞仙，等等。

朱智重修六和塔功不可没，因此受到光绪皇帝嘉奖，赏赐了御书"功资筑捍"四字匾额。

到了民国六年（1917），西德尼·甘博来杭州城摄

从江面上往北拍摄六和塔　甘博摄　1919 年

影采风，他从各个角度拍摄六和塔。甘博的家族跟之江大学的关系非常密切，所以在甘博拍杭州六和塔的老照片中，有一张就是在之江大学门口的钱塘江滩涂上拍摄的。在这些照片中，我们可以清楚地看到六和塔塔院开化寺的庭院建筑和江边的民居，还有滩涂上一些被拉上岸的小船。这些历史人文景观的照片，给我们留下了珍贵的史料价值。除此之外，甘博的拍摄点还转移到钱塘江的江面，从南向北拍六和塔。这些照片更加完整地展现了六和塔的全貌。

1937 年，杭州钱塘江第一座大桥正式通车，从此乘客坐火车或者汽车进入钱塘江大桥的时候，透过窗户，远远就可以看见六和塔矗立在山水之间，伟岸挺拔，直冲云霄。六和塔堪称我国楼阁式古塔的代表，是杭州人的骄傲。他乡的游子回杭州探亲，看到六和塔就知道快要到家了，他们会激动得热泪盈眶，因为六和塔是杭州人的精神灯塔。

六和塔　二我轩照相馆摄　清末民初

　　杭州人爱杭州，似乎是天经地义的事。因为这里风景秀丽，人杰地灵，精英辈出，从杭州走出来的文人学者、军事家、政治家，历朝历代不乏其人。

　　杭州人记住朱智的功劳，也是理所当然的，这同他在家乡的善举是分不开的，特别是和他筹资承修六和塔有直接关系。虽然在《清史稿》或者清代名人传记乃至浙江地方志中，都很难找到一篇像样的有关朱智生平事迹的传略，但杭州人并没有忘记朱智，在许多介绍六和塔的文章中，几乎都有提及他的名字。

　　六和塔，矗立于钱塘江畔月轮山上，守望杭州南大门已有一千多年，它不仅是杭州西湖景区的重要组成部分，更是这座城市的一个显著地标。传说中梁山好汉一百零八将中的鲁智深、武松、林冲，都是在六和塔终了一生的。

　　杭州这座城市的很多地方，都有着属于自己的传奇故事，一个个传说中的人物，都曾在这里上演过自己的

岸边看六和塔　甘博摄　1919 年

传奇，或荡气回肠，或婉转悲怆，或闲情雅趣，留下的无数遗迹，供后人凭吊。

　　杭州人喜欢用一句话将西湖三塔联系起来："雷峰似老衲，保俶如美人，六和是将军。"钱塘江畔的六和塔多了一些将军的英雄气概。钱塘江潮起潮落、气势磅礴，如千军万马的马蹄声，这声音凝聚着历朝历代文人墨客厚重的才思、绵延的梦想。

　　相信千年古迹六和塔还有许多沉淀的历史和栩栩如生的传说可以让人不断探寻。当我们在一个风轻云淡的日子，步步登上六和塔，用手触摸每一块砖墙时，都会触摸到历史的痕迹。在六和塔中昏暗的光线下拾级而上，穿越千年的斑驳，眺望钱塘江潮水，会令人无限感慨！如果朱智先生在天有灵，内心不知道又会泛起怎样的波澜。

历尽沧桑的"老衲"，
目光依然坚定、沉着

外地人来杭州旅游，不看看雷峰塔总归会留下遗憾，千百年来，雷峰塔如雷贯耳，其名不灭。

清咸丰九年（1859），法国摄影师路易·李阁郎来到了杭州。他到了杭州第一站就直奔雷峰塔，在西湖边摁下的第一次快门，就是一张弥足珍贵的雷峰塔蛋白立体照传世作品，成了历史上第一个拍摄雷峰塔的摄影师。

法国人李阁郎镜头下的雷峰塔，塔身有点歪斜，塔

雷峰塔　佚名摄　清末民初

雷峰塔 甘博摄 1917年

顶部生出了树木，像一个巨大玉米芯似的，耸立在杂草丛生的野地里，倒也与周围环境协调。这也难怪，拍摄照片时，正是中国贫穷落后的年代，人们尚且不能果腹，哪还顾得上摇摇欲坠的古塔。李阁郎镜头下"玉米芯"样的雷峰塔，并不是雷峰塔的本来面目，1859年的雷峰塔正是最沧桑、最衰弱、最屈辱的时候。

清光绪三十三年（1907），德国建筑学专家恩斯特·柏石曼专程来杭州采风，他也拍下了一组雷峰塔的照片。

清光绪三十四年（1908），美国人西德尼·甘博第一次来到杭州，他从南往北远眺西湖风光和远处的保俶塔，拍摄了一张全景照片《雷峰塔远眺》，又到凉亭附近拍摄了一张雷峰塔近景照片。从此，他对雷峰塔留下了深刻的印象。

民国六年（1917），甘博再次来杭州摄影采风，他绕着雷峰塔走一圈，从各种角度拍摄了一张又一张雷峰塔的照片，成为拍摄雷峰塔作品最多的外国摄影师。

雷峰塔，始建于北宋开宝五年（972），竣工于北宋太平兴国二年（977），为吴越国王钱俶崇奉"佛螺髻发"

雷峰塔　喜龙仁摄　民国初

南屏晚钟　二我轩照相馆摄　1908年前后

以祈祷国泰民安所建。雷峰夕照，自南宋开始就是西湖十景之一。古时候的夕照山，又称雷峰，地处吴越国西关外。雷峰塔矗立在净慈寺对面濒湖的夕照山上，有关雷峰塔的千年变迁，是一部写满岁月沧桑的历史书。

雷峰塔建造，烧毁，修复，再烧毁，塔砖被盗，倒塌……

历尽沧桑、多灾多难的雷峰塔在历史上曾两次遭遇大火，第一次是在北宋宣和二年（1120），方腊起义军攻入杭州，雷峰塔遭到严重损坏，塔院及木质结构的塔身被火焚毁。南宋庆元年间（1195—1200），雷峰塔重修一新，砖砌塔身由七层减为五层，神采复现。

明代嘉靖三十四年（1555）夏，倭寇侵犯杭州，雷峰塔逃脱不了厄难，这把火是外国强盗放的。战火中，雷峰塔遭受了第二次火劫，仅存塔心。雷峰塔经历了两次火劫后，在千疮百孔之下又顽强挺立了300多年。

雷峰塔遭到劫难，犹如维纳斯断了臂膀，生出了一种特殊的风姿，沧桑而又透着淡淡的凄凉，残缺中的凄美别有一番味道。特别是夜幕来临之前，秃塔败墙，犹如愁容满面的老衲，但目光依然坚定、沉着。

雷峰塔的命运在西湖宝塔中算是最惨的。当时老百姓相传在家里放雷峰塔的砖块，可以辟邪，因为愚昧迷信，所以有人不断抽取塔砖，加上年久失修、日晒雨淋等原因，雷峰塔摇摇欲坠，最后于1924年9月25日这一天，在西湖边矗立了近千年的雷峰塔终于轰然倒塌了。

法海曾说过，"水干塔倒，白蛇出世"。虽是一句传说，但当时的杭州城还是人心惶惶，胆大的人都跑去看热闹，

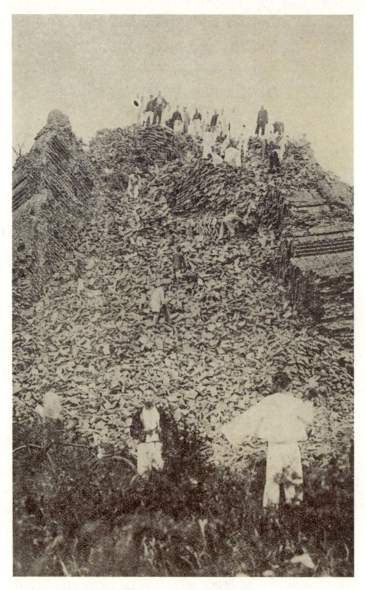

倒塌时的雷峰塔现场　佚名摄　1924 年

胆小的人躲在家里拜神求佛。

雷峰塔倒掉后，并没有什么白蛇跑出来。杭州人心里不免有种失落感，一是来自传说的幻灭，二是来自陪伴千年的宝塔突然缺席。

雷峰塔及净慈寺的和尚　甘博摄　1919年

　　西湖南线没有了雷峰塔，仿佛西湖失掉一颗绚烂的明珠，失去一道亮丽的风景线，使西湖风景逊色了许多，也使位于西湖北面的保俶塔显得冷寂孤单，游人至此，只能面对雷峰塔遗址伤心感叹。

　　在雷峰塔倒掉的日子里，杭州人一直在期待重建。在雷峰塔倒塌七十多年后，雷峰塔像凤凰涅槃一样，在历劫后再度获得新生。

　　身为西湖边最高的建筑物，这一千多年来，命运多舛的雷峰塔终成传奇，而曾经和它发生过故事的人物，也变得不可磨灭。

　　如今雷峰塔尽管已不是当年的那座塔，但是雷峰夕照的景观总算是保存下来了。重建后的雷峰塔是在原塔

雷峰夕照　就是我照相馆摄　民国初年　韩一飞收藏

倒塌之后的遗址上重建的，塔高 71 余米。

新的雷峰塔是一座现代科技的建筑，内部现代旅游功能完善，空间宽敞舒适。塔内中央部位设置升降式电梯，配置了景观泛光照明、背景音乐、视频播放、电脑成像等现代管理设施系统。

进入塔内，映入眼帘的是带着一丝凝重味道的老雷峰塔塔基，四周还有着一些文字记载，慢慢欣赏，一幅又一幅栩栩如生的画，将白娘子与许仙的故事展现得淋漓尽致，好像要带领着人们一起去追寻久远而美丽的传说。

人们登上雷峰塔最高一层，塔顶每一个檐翘角下都挂着一串铜风铃，塔顶上盖着古色古韵琉璃瓦，精致美观。放眼四周，西湖美景尽收眼底，北眺西湖潋滟湖光，碧波粼粼，堤岛柳岸相连，花团锦簇，亭台楼阁错落有致，西湖对岸宝石山上的保俶塔亭亭玉立，形成了一道独特的风景线。

来西湖旅游的外地游客漫步西湖苏堤，从虎跑路左拐到南山路，一路行走，一路风情。西湖南岸的人文景观和自然景观美如画卷，夕阳下黄昏的韵味再也美不过"雷峰夕照"了。

万众翘首的"美人"，
从不败给岁月

　　外地人来西湖旅游，几乎所有的游客都喜欢站在断桥上拍个留念照，将保俶塔作为照片的背景，和"美人"合个影，留下一个永恒的纪念。

　　明末杭州名士闻启祥曾说："湖上两浮屠，雷峰如老衲，保俶如美人。"保俶塔挺拔秀丽，宛若一尊女神，风姿绰约、亭亭玉立，与南面的雷峰塔隔湖相望，一起经历了千百年来西湖风花雪月的故事。

西湖留念的标准照　格雷戈里摄　民国初年

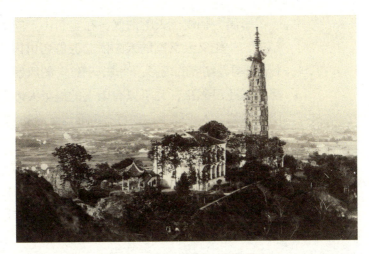

杭州保俶塔　佚名摄　民国初年

　　这位"美人"位于西湖北侧的宝石山东端山脊，始建于北宋太平兴国元年（976），为西湖北边景观的重要标志物，与西湖南岸的雷峰塔形成对景关系。可以说，保俶塔是整个西湖视觉景观的"黄金分割点"。

　　保俶塔为西湖一景，虽然不能攀登，但也被万众翘首仰目。古往今来，春花秋月，晨钟暮鼓，八方游客于西湖泛舟，摄影师拍西湖留念照，无不将宝石山、保俶塔一并收入镜头。尤其是傍晚华灯初上，此时拍的照片堪称西湖的"标准照"。

　　保俶塔原为楼阁式砖木结构，宋、元以后几经毁建。现存砖塔为民国二十二年（1933）重修，高40米左右，包括塔基、塔身、塔刹三部分。

　　保俶塔是见证杭城五代时期佛教文化兴盛的建筑遗存，在西湖景观整体视域空间中，与雷峰塔南北对景，佐证了佛教文化的兴盛对西湖景观的直接影响。

早晨，朝霞满天的时候，在宝石山上向着东面远远望去，一轮又大又圆的太阳依着保俶塔冉冉升起，辉煌壮丽，衬着窈窕的塔影，形成一道绝美的风景。这个时候，杭州城还没醒来，几乎只有山上的摄影人才能欣赏到这山色迷蒙，人迹稀少，别有一番静谧幽邃的韵味。

清咸丰九年（1859），法国摄影师路易·李阁郎拍摄了第一张保俶塔的照片，他也自然成了历史上第一个拍摄保俶塔的摄影师，为西湖风光留下了珍贵的第一手史料。之后，陆续有外国摄影师慕名来杭州采风，留下了晚清时期保俶塔的许多张照片。

人们拾级而上，登上宝石山，近看保俶塔，发现这座山虽然不高，但内涵丰富。山上树木葱茏，石径通幽，绕保俶塔一圈，四周眺望，有着无穷的意趣。

宝石山自从有了保俶塔，因塔名而衍生出了许许多多美丽的传说和凄美的故事，保俶塔可以说是杭州最有

西湖保俶塔 甘博摄 1918 年

保俶塔　佚名摄　民国初年

　　故事的一座塔了。

　　最早的传说是北宋太平兴国元年（976），吴越王钱俶听说南唐被宋灭了，很惊恐，带着家人到北方纳土归宋。他生怕一家人被扣留在京城，便在佛前许愿说，如能保其平安归来，则归后定造塔还愿。钱俶到了京城，皇帝对他倒还客气的，给了宅子礼待他，赏赐很丰厚，留他一家人住了两个月，就让他们回杭州了。临走时，皇帝赐了一黄皮书卷，封存很密实，吩咐他在路上密看。到了路上，钱俶打开一看，全是大臣们劝皇帝把钱俶留

远眺保俶塔　二我轩照相馆摄　民国初年

在京城的奏章。钱俶又是感慨又是惊恐。他回来后，就造塔还愿，感谢佛祖护佑其全家平安回来。此塔便称"保俶塔"。

　　保俶塔因塔名而衍生的传说故事还有一个版本，说的是吴延爽祈求钱俶平安而造宝塔。相传，北宋开宝元年（968），吴越王钱俶奉宋太祖之召进京，被久留未返，急坏了钱俶的娘舅——宰相吴延爽，吴延爽便召集大臣们商议。可吴越国偏安一隅，根本抵御不了势头强劲的大宋国，大臣们生怕一有什么反抗的举动，后果就不堪设想，所以个个无计可施，最后商议决定做佛事建高塔，以祈求佛祖庇佑吴越王钱俶。不久，钱俶果真平安归来，吴延爽在宝石山上建的这座九层高塔，即为"保俶塔"。

　　还有版本说的是宋嫂为保佑小叔造宝塔的故事，等等。可不管哪个版本，都是有关保俶塔祈祷平安的故事。

　　因为保俶塔有了美丽的传说和悠悠岁月积累的漫长的人文历史，所以宝石山有了魅力，有了灵魂，有了意趣，人们在宝石山上唱歌、攀岩、谈情说爱。宝石山是西湖北面的屏风，没有它的山色转换，西湖的柔波将失去婉转的变幻。保俶塔正是对西湖全景起画龙点睛作用的神来之笔。

西湖游客站在西泠桥的黄昏里，透过北里湖那一段烟水迷茫的湖面，向东眺望保俶塔的绰约风姿。左边是宁静幽雅的历史文化街区北山街，右边是汇聚了上千年历史文化的孤山和白堤，前面是一片犹如世外桃源仙境般的湖面和远处次第亮起的万家灯火，后面是凄艳哀婉的苏小小墓和闻名于世的六桥烟柳。

就这样面对保俶塔，静静地感受着西子湖柔婉的气息，远眺山、湖、城，静静地沉醉在西湖的风花雪月、前尘往事里，无不令人恍然如在梦中，一时不知身在何处了。

九死一生文澜阁,
历尽劫波今犹在

清咸丰十一年（1861）的初冬,杭州西湖孤山一带炮火连天,弹痕遍地。当太平天国起义军战火波及杭州城时,杭州大多数古迹未能幸免,文澜阁被炸成残垣断瓦,大风将地上散落的《四库全书》书页吹到空中,四处飘散……

钱塘人丁申、丁丙兄弟家住杭州西溪,他们出生在一个书香门第,是远近有名的藏书家。一天,丁丙正在留下镇上买东西,当他从店小二手中接过东西时,突然瞥见包装的纸页一角有一个鸡血印记,顿时大惊失色:"这不是乾隆皇帝御览后的宝印吗?"他赶紧摊开整张纸仔细查看,只见纸页上有一排正楷书写的小字"钦定四库全书"。这张用来包东西的纸竟是文澜阁《四库全书》中的一页啊!

他放眼四周,还有店铺拿《四库全书》的页面纸包花生、瓜子等食品。丁丙惊恐万分,深感事态严重。他马上回家组织家人进行抢救,丁申、丁丙兄弟俩出高价召集胆子大的人,决定冒着战乱的风险去施救《四库全书》。丁氏兄弟深知《四库全书》之于国家民族的重要,眼见《四库全书》已从文澜阁流入街市,他们心急如焚,

文澜阁牌坊和圣因寺 甘博摄 1918年

立即出发。他们当天趁夜色潜入西湖孤山脚下的文澜阁旁，见文澜阁四周满地残籍，库书已遭受前所未有的浩劫。兄弟俩指挥家人收捡残籍，背负肩挑，用小船将剩余的四库全书偷偷运往西溪风木庵藏起来。

然而，许多典籍已经流落民间，如何将老百姓手中的典籍重新收集起来？丁氏兄弟决定高价雇杭州百姓每日沿街四处寻找散失的阁本页面、散纸。

按理说，兵荒马乱，保命最要紧，谁还顾得上书籍。可杭州民间有着"敬惜字纸"的文化传统，读书人丁申、丁丙两兄弟崇尚文化，出于对文字的敬惜、对知识的尊重，毅然决然、奋不顾身，英勇救书。

之后，丁氏兄弟携书避居上海，嘱咐杭州书贾周京乘回杭州之机，继续以收购字纸名义留意搜觅流散民间的图书页面。此举大有成效，那些被哄、抢、窃、拾，

文澜阁前御碑亭　二我轩照相馆摄　民国初年

散落民间三教九流的阁书残编纷纷见钱现身，仅半年多时间，该书贾便代为搜得阁书 800 余捆（每捆二尺高），悉数运回上海交归丁氏兄弟。

同治三年（1864）春，清兵收复杭州后，丁氏兄弟载舟而归，又马不停蹄地在杭州城乡、绍兴、宁波等地大肆购求阁书残帙。两兄弟不遗余力、耗费十多年，至同治十三年（1874），已搜集了阁书原抄本 7800 余册，会同另一位热心爱书人士徐蓥之辛勤收集的 549 册阁书原抄本，共得 8300 余册，视阁书原藏已逾六成。

如果没有丁氏两兄弟，文澜阁的四库全书早就毁于战火，荡然无存了。遗憾的是，那时候杭州还没有本土摄影师，没留下丁申、丁丙兄弟大义救书的照片。

文澜阁是杭州孤山脚下的一座典型的江南楼阁，是杭州唯一保存完好的皇家园林建筑。熟悉它的读书人都知道，文澜阁是为存放国宝《四库全书》而建的皇家藏

杭州文澜阁明信片 佚名摄 民国初年 楼立伟供

书楼。《四库全书》是中华民族弥足珍贵的历史遗产，于乾隆时期编修，囊括了乾隆之前中国历史上最主要的典籍，直到今天依然是世界上卷帙最为浩大的一套丛书。

文澜阁位于西湖孤山路25号，建于清乾隆四十九年（1784），主体建筑前凿池蓄水，水与西湖相通。内有主阁、水池、御座坊、假山、垂花门、御碑亭、月台、游廊、趣亭，清代乾隆年间为珍藏《四库全书》而建造的全国七大书阁之一。它的前身为清康熙帝南巡时在孤山兴建的行宫。清雍正五年（1727），改为圣因寺。清乾隆三十七年（1772），开始纂修《四库全书》，历时十年始成。清乾隆四十七年（1782），将圣因寺旁原藏《古今图书集成》之藏经阁改建为文澜阁。

文澜阁坐北朝南，入内即是一座玲珑剔透的假山，其旁一泓清流沿山而过。山顶东、西各建小亭一座，山后为平厅，西侧有回廊，直达三进文澜阁。平厅与文澜阁之间有一方池，以假山围砌，花木点缀，池中独树一峰，

杭州风韵 HANG ZHOU

名曰仙人峰，又称美女峰。池东有御碑亭，御碑上的内容为乾隆兴建江浙三阁之诏谕。亭后，文澜阁东又有一御碑亭，亭内为光绪帝题"文澜阁"三字御碑。

当年，乾隆皇帝命人手抄了7部《四库全书》，分别藏于全国各地。先抄好的四部分贮于紫禁城文渊阁、辽宁沈阳文溯阁、圆明园文源阁、河北承德文津阁，称为"北四阁"；后抄好的三部分贮于扬州文汇阁、镇江文宗阁和杭州文澜阁珍藏，称为"南三阁"。"南三阁"唯一的"幸存者"是杭州文澜阁，并且文澜阁是仅有的书与阁并存的。

若不是因为杭州人爱书、崇文、惜字，文澜阁和《四库全书》早已毁灭于战火中了。

文澜阁里的《四库全书》可谓九死一生，凤凰涅槃。它在太平天国与清军的战乱中遭受惊天劫难，焚散殆尽，在抗日战争烽火里又历经空前艰险、万里迁徙，两度书厄，其磨难曲折旷世罕见。

但无论如何，这功劳首先要归于杭州人丁申、丁丙两兄弟。

丁氏两兄弟抢救了部分四库全书之后，剩下的部分只有补抄。丁氏兄弟从江南数十位藏书名家处借书，招募一百多人抄写，历时7年，补抄了26000余册。1882年，文澜阁重修完成，丁氏兄弟将补抄后的《四库全书》全部归还文澜阁。从此，一座城与一部书的命运紧紧地联系在一起。两百多年来，文澜阁《四库全书》在数次浩劫中几陷于毁灭，是浙江几代文化人的侠肝义胆才使其躲过战火，真正的原阁本成了一部经后人多次补抄才凑齐的"百衲本"。

丁丙

1915 年，浙江图书馆首任馆长钱恂开始主持第二次补抄，他以承德文津阁《四库全书》为底本，花了8年时间，共补抄缺书33种，268卷，并购回旧抄182种。

但是文澜阁《四库全书》仍未完整。1923 年，时任浙江省教育厅厅长的张宗祥接过"接力赛"的第三棒，开始第三次补抄，补齐后的文澜阁《四库全书》成了七部中最完整的一部。

自清代至民国，浙江有识之士犹如接力棒式的藏书、护书与补抄书，使文澜阁《四库全书》劫后余生，在中国乃至世界藏书史上都是个奇迹。

西湖申遗文本中提道：作为皇家藏书阁，文澜阁为中国藏书文化提供了"活的"的见证，同时也是"西湖

浙江图书馆首任
馆长 钱恂

景观"拥有的丰厚文化遗产之一。我们现在看到的文澜阁及其院落，就是光绪六年（1880）保存下来的，基本保持了清代的建筑风貌，整组建筑坐北朝南，为三进式建筑。最里面背靠孤山的那幢楼就是文澜阁的主体建筑。站在厅堂中间抬头，头顶开有一方形楼井，这样的夹层与井口的设计，是为了当年皇帝在此阅读，因为他是皇上，至高无上，不能有人在他头上走动。另外，井口设计也有利于通风和采光。

楼内安置着 110 个黑色书柜，文澜阁藏书书柜并非和原来乾隆时期的一模一样，而是光绪六年（1880）文澜阁重建后的样貌。打开柜门，能闻到一阵扑鼻的香樟木气味，柜子全部都是樟木做的，防止虫蛀。

时任浙江省教育厅
厅长 张宗祥

　　院落假山的东侧有一月台，这是当年皇帝登高赏月的地方，西侧有一趣亭，就是皇帝下棋休息的地方。

　　若遇雨天，在文澜阁内行走都不需要打伞，檐廊连接各处建筑，檐廊上设计的美人靠，可供人们坐下来看书休息，欣赏风景。

　　无论是清末、民国，还是中华人民共和国，岁月流逝，时代更迭，"书阁并存"这四个字是历经磨难、颠沛流离，在几代杭州人接力赛般的努力下才得以达成的。

古老白塔，默默无闻地矗立千年

提起杭州，人们大多会想起西湖美景，想象在西湖断桥上，背对保俶塔留个影，还有断桥上白娘子和许仙那家喻户晓的爱情故事，感动无数人。

不过作为历史古城的杭州，除了有这些闻名天下的名胜古迹，其实还有一座白塔。白塔已有上千年的历史，却鲜为人知，它一直默默地矗立在西湖之南钱塘江畔的白塔岭上，与六和塔遥遥相望，因此也被称为杭州"最低调"的古塔。

看民国初期的杭州地图，白塔就位于钱塘江边中河口岸的西面，其南面称龙山河，这里也是京杭大运河最南端的龙山闸所在地。

元延祐三年（1316），龙山河疏浚，龙山闸修建，南宋禁航近150年后的中河，重新通航。从白塔渡口入杭，需"翻坝闸口"。这也是从钱塘江进入京杭大运河的唯一通道，可想昔日的人气和紧要程度。

白塔因为名声不显，所以往往容易被人忽略，即使人们来到这里，也不一定知道白塔前世今生的故事。清

晚清时期的白塔，右边是白塔寺

末民初来杭州摄影的外国摄影师也很少来拍摄白塔，所以白塔留下的老照片极少。

白塔共九层，高约 16 米，是平面八边形的楼阁式塔建筑。白塔的正南、正北、正东、正西方向，雕刻有小小的石门，而东南、西南、西北、东北方向，则雕刻佛像。这些细节告诉我们，千年前的杭州人，就有高超的精雕建筑技艺。

杭州闸口白塔　二我轩照相馆摄　民国初年

　　民国时期的梁思成还发现，闸口白塔风格规制几乎
与灵隐寺双塔如出一辙，"与双塔比较，白塔属于同时代，
是没有疑问的；乃至同出一匠师之手，亦大有可能"。

　　白塔，建于五代吴越国晚期，是现存的五代吴越末
期仿木构塔建筑中最精美、最真实、最典型的一座，被
称为"晚唐五代至宋初南方以至全国此类石塔的经典之

白塔边龙山河埠头　岛崎役治摄　民国初年

作"。塔身为平面八边形的楼阁式塔建筑，逐层划分，比例适度，出檐深远，起翘舒缓，轮廓秀丽挺拔。塔基雕刻有山峰、海浪等纹饰，象征着"九山八海"，其上有须弥座。须弥座束腰上刻有佛经，再上分为九层，每层由塔身、塔檐和平座三部分组成，塔身上浮雕有佛、菩萨和经变故事，人物形象刻画生动，惟妙惟肖。

　　白塔岭下旧有柳浦渡口，为水陆交通要道。柳浦渡可追溯到六朝时期，当时称为"柳浦埭"，与隔岸萧山西陵渡（今西兴）遥相对应。由于江南运河的开凿，柳浦渡恰好居江、河、海（钱塘江、大运河、东海）三水的要冲，凡南来北往的商客由柳浦渡转乘船舟，既可漂洋出海，也可逆水上溯到钱塘江上游的各个州县。同时，外海船舶也可以从杭州湾驶入大江沿岸的杭州港口，经柳浦埠头，或驳运至京杭大运河，北去江宁或京城，交通甚为便捷。柳浦渡海船云集，人来客往，其繁荣盛势直至中唐而未衰。白塔高踞岸上，犹如水上往来舟船的航标，不分昼夜地指引着南来北往的船舶。

白塔边原有白塔寺、白塔桥。白塔桥是进入皇城的必经之路，所以有人在这里卖"地经"（导游图）。当时流传着一首脍炙人口的诗："白塔桥边卖地经，长亭短驿甚分明。如何只说临安路，不数中原有几程？"自唐宋始，外地人由钱塘江进入杭州，车水马龙，他们从这里下船登岸，总要先买份"地经"。

杭州的商贸地位自唐代始，一直延续到南宋时期达到了巅峰。京杭大运河通过内河航运或陆上"过塘"，在柳浦渡与浙东的萧甬运河、钱塘江航道衔接，陆海交通顺畅，经贸发达。到了元、明、清三代，皇帝定都北京，加上内忧外患的各种因素，以及杭州湾浪潮汹涌，泥沙淤积，船舶出入困难，柳浦渡盛况渐趋消失。

如今，岁月变迁，潮起潮落，江潮依旧奔流入海，柳浦渡口早已不复存在，但白塔历经风雨沧桑，依旧屹立于钱塘江之滨，与岸边的六和塔遥相呼应。

白塔经历千年风雨，却难掩曾经的繁华，白塔浓厚的历史底蕴，为其增加了不少传奇色彩，一如杭州这座城。

白塔局部　民国初年

白塔公园是以塔名命名的。白塔是运河注入钱塘江的标志，走近塔旁，在这里驻足，看那塔身有各种不同的浮雕，虽有些老旧，但都是历史的印记。

白塔公园凤凰山景区，是一处以历史和铁路工业遗存保护与利用为特色的文化公园。白塔公园是京杭大运河文化遗产的起点，也是西湖文化遗产的实证，有年代感的它承载着无数人的记忆。

白塔对于研究我国的建筑艺术史，有着重要参考价值。从吴越国走来的白塔，历经千年，洗尽铅华，成为杭城发展繁荣的见证。

第三章

天城独特的水乡风韵

题记：

　　大运河是杭州的母亲河。杭州古时候是船和桥的天下，河就是路，路就是河，大运河就是杭州城的路。西方摄影师用影像真实地记录了一百多年前杭州大运河沿岸百姓的生活状态。

运河水路穿城过，波澜不惊越千年

清末民初，江南运河杭州段并不宽阔。

民国初年，西德尼·甘博在杭州运河一带摄影采风，他拍下的一张照片展示了城内运河上的竹排。从照片上看，毛竹一捆捆堆积在一起，形成了一个规模浩大的竹排。甘博镜头下的线条构图运用十分得当，不仅可以极大增强照片的视觉冲击力，还能够突出画面的视觉焦点，这些笔直的毛竹线条形成了一幅美丽的图案照。从照片中

杭州拱墅运河上的竹排 甘博摄 1919 年

可以看出，当时的杭州运河水路运输是多么繁忙和拥挤。这些毛竹都是运往松木场的，因为那儿有一个竹木交易市场。

在江南水乡，古代几乎没有像样的路，只是一派水泽，船是主要交通工具。陆地和陆地之间有两种连接工具：移动的是船，固定的是桥。近则走桥，远就乘船。

杭州古时候是船和桥的天下，河就是路，路就是河，大运河就是杭州城的路。

因为有了大运河，城市才兴旺发达，运河两岸百姓的人间烟火气让运河的历史更加鲜活、丰满。

大运河杭州段是运河最南端的水路，江南运河的开凿，最早见于秦代。公元前 223 年，秦灭楚后开挖"陵水道"，由嘉兴到杭州再通钱塘江。汉武帝时，组织人力沿太湖开浚了一条长百余里的河道，开通了苏州、嘉兴之间的一段河道。

隋代在秦汉以来所凿运河的基础上，加以拓宽、疏浚和顺直。至此，江南运河基本成形，北起镇江，经无锡、苏州、嘉兴，折向西南经石门、崇福、临平，循着今天上塘河的路线，经过杭州西南的大通桥汇入钱塘江。

唐代，杭州城中运河开始得到发展。唐末，为求运河继续与钱塘江相通，挖开上塘河南口与茅山河相连，使其直通钱塘江。北宋时也经常对运河进行疏浚、整治，到了明代，运河杭州段已经成为沟通江南运河、浙东运河、钱塘江和外海的水运枢纽。

大运河形成后，杭州城开始依靠漕运和民运逐渐繁

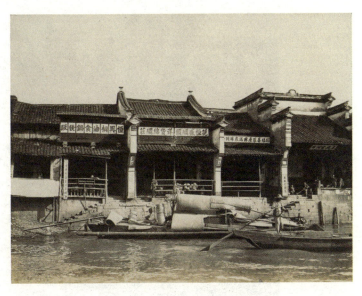

大运河码头和岸边的商铺　甘博摄　1908 年

荣起来。

　　江南运河杭州段是运输最繁忙的航道。拱墅一带成了物资集散区域，带来了商业、仓储之利，米市巷、卖鱼桥等关乎民生的地名由此而起，一直沿用到今天。卖鱼桥是"十里银湖墅"的中心所在，如今还留有许多往昔的历史遗迹，发挥着不可替代的地域优势。

　　拱墅运河与胜利河交汇处的富义仓，建于清光绪六年（1880），是南粮北运的中转站，占地十亩，共有四排仓房，被誉为"天下粮仓"，现存有三排仓房和水埠。

　　大运河使杭州拥有"运河水乡处处河，东西南北步步桥"的独特水乡风韵。运河上不仅留下了广济桥、里万物桥、拱宸桥等千年古桥，不少沿河地段也因桥而得名，丁桥、斜桥、祥符桥、卖鱼桥、德胜桥、江涨桥等，成为杭州重要的地域文化标志。

运河上执勤的水警 费佩德摄 1917 年

　　"船由沪来，先经拱宸，过省城，乃达江干，深入内地。"如《清季外交史料》中所言，1908 年以前，拱宸桥是杭州经运河出发北上沪、苏、宁、津、京等地的必经之路，也是自北入杭的要隘。

　　清朝的时候，杭州运河上的小火轮可以直达上海、苏州，直至北京。晚清时期，为统治者运输粮食的船都是从这条运河上的拱宸桥出发的。

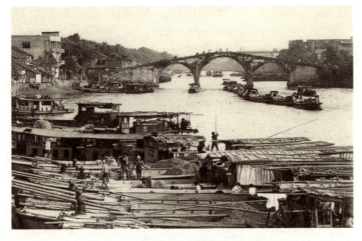

繁忙的拱宸桥码头　佚名摄　民国初年

　　大运河上拱宸桥的"拱宸"二字也大有来头。"拱"即拱手，两手相合表示敬意，取迎接之意，"宸"是指帝王宫殿。高大的拱宸桥，象征古时对帝王的欢迎和尊敬。据记载，康熙皇帝一共来过杭州五次，乾隆皇帝来过杭州六次，祖孙二人每次来到杭州，都在拱宸桥一带下船上岸，乘轿或骑马入杭城，乾隆皇帝喜欢骑马。

　　据《重建拱宸桥碑记》记载，拱宸桥始建于明崇祯四年（1631），此后周边逐渐形成街市。到了清代康熙五十六年（1717），拱宸桥重建完成，拱墅运河历史街区日渐繁华。同治年间（1862—1874），拱宸桥地区成为繁盛的水陆码头。清光绪十一年（1885），再次重建拱宸桥。

　　清末民初，随着漕运的迅速发展，拱宸桥一带船只往来十分繁忙。凭借着运河带来的便利交通，拱宸桥沿岸工业、商业、手工业等行业遍地开花，成为运河沿岸航运、个体工商业者、近代产业工人的聚居区和重要的商业中心。

"一座拱宸桥，半部杭州史。"拱宸桥对于杭州来说，不仅仅是一座便于交通的石桥，还承载着特别的记忆与情感。

如果仔细辨认的话，民国初年的拱宸桥，跟现在的拱宸桥还有很多不一样：当时的桥上还有扶手栏杆，以保证人们不会失足掉到运河里；桥上还有电线杆或者是电报线杆，在桥顶还有一个岗亭，由此可见当时还设有警察看守。

拱宸桥作为杭州水路的北大门，曾是漕运往来的交通要道和繁华商埠，络绎不绝的商船满载着江南的富庶。从这里一路北上，桥的南面是家和根，桥的北面则是一片闯荡的天地。拱宸桥承载了多少离乡闯荡人的踌躇与离别，也迎来了多少归来游子的兴奋与辛酸，这里浓缩了近现代民族工商业史，有麻纺印染业、仓储运输业、造船业等，这里也诞生了杭州第一条铁路、第一个火车站、第一个邮局、第一家报社。

杭州钱塘江南岸的西兴古镇，是全长 250 多公里的浙东古运河的起点，浙东古运河途经萧山、绍兴、上虞、余姚、宁波，在镇海城南注入东海。

西兴的历史可上溯至春秋时期。越国大夫范蠡在此筑城拒吴，时称固陵；六朝时称西陵；吴越王钱镠以"陵"非吉语，改西陵为西兴。

西兴也是"浙东唐诗之路"的起点，李白、杜甫、陆游、贺知章等 100 多位诗人在西兴留下了许多脍炙人口的诗篇。贺知章的那句"少小离家老大回，乡音无改鬓毛衰"，回的就是西兴。李白的《送友人寻越中山水》中有一句"东海横秦望，西陵绕越台"，也提到了西兴。

京杭大运河上的拱宸桥　甘博摄　1919 年

运往松木场的木材和毛竹　甘博摄　1917 年

　　西兴"过塘行"码头，是沟通钱塘江与浙东运河的运输枢纽。西晋以后，西兴形成中转码头，沿线一带很快发展成一处繁荣的商业市镇，驿站也改以水驿为主。

　　清代鼎盛时，西兴曾有过塘行 72 家，从业人员达上千人，每家有专门的转运货物类型，负责运送浙东地区的粮食、棉花、丝绸、盐酒、茶叶、烟草、药材等各种货物。货物在西兴过塘行码头通过钱塘江和京杭大运河运转到中原各地。过塘行，在整条大动脉上，便成了一个非常重要的关节。

当时的西兴，南北客商、东西货物都集中在这里中转，故过塘行布满西兴，是西兴商业全盛时期的标志。可以想象，当年的西兴古镇，是多么的繁华热闹。

"过塘行"，是当时的一种特殊的行业，设于水陆码头、交通要道，门面不大，大概一两层门面，主要起到货物中转的作用，相当于如今的"物流中心"。

据记载，因为西兴过去的过塘行生意兴隆，各路船只的队伍天天排成长龙，首尾相接，起航靠埠、上客卸货，昼夜不歇，一派繁忙景象。

如今的西兴，犹如一个被黄土掩埋数年的香炉，清烟已冷，繁华不再。因为钱塘江河道北移，码头已经废弃，失去其原有的运输功能，不过西兴相关的水工设施作为遗址依旧保存完好。

岁月翻篇，历史静默。西兴古镇和拱宸桥经风历雨数百年，阅尽沧桑，有运河商贸交通的繁华，有太平天国的战火，有民族工商的萌发，有离客归人的悲欢，有恭迎御驾的荣光，也有日据时期的屈辱。如今的大运河杭州段，活水静流，铅华洗尽，雄风依旧，以坦荡坚实的身躯，在时间的长河里闪烁着不可磨灭的光亮。

一艘小船承载着船民生活的全部

清末民初，杭州拱墅一带运河两岸的人家几乎都拥有自家的小船，就和现在杭州人拥有一辆私家车一样普遍。运河边停满了小船，如现在马路边停满了私家车。

晚清时期，杭州城内城外的各条小河，跟西湖都是相通的。运河的最南端起点杭州段，船来船往，经济兴旺繁荣。

那时候南进北出的船，从老余杭、闲林、三墩、勾庄、良渚等处入运河，必须先过小河。小河河面上木排蜿蜒，河岸上木材堆积如山，也成了大运河杭州段的一大特色。

有道是"靠山吃山，靠水吃水"，杭州运河上生活着大量的船民，有不少船民拖家带口、祖孙三代都以船为家，靠在运河打鱼或水上运输谋生。大运河催生了渔民这个行当。运河是南北交通"大动脉"，各地物品相互间的流通要通过水上运输来解决，从而又催生了船工这个行当。无论是渔民还是船工，这些人全都生活在船上，形成了独特的水上人家。

杭州小河直街，是运河、小河和余杭塘河三条水道

杭州运河上的客船 甘博摄 1917 年

的交汇处。由于得了水陆之利，早在明清时期，小河直街就已经成为杭州城北漕粮、水产和农副产品业的集散地和转运中心。

　　大运河杭州段的一项主要功能就是政府组织转运粮食，以满足国家正常的行政开支和皇室消费，这就是通常意义上的漕运。因此，大运河在古代又被称为漕河。京杭大运河成为明清政府经济流通和政治统治赖以维系的交通生命线。为了确保这条生命线的畅通无阻，明清历代王朝几乎是不计成本地从政治、经济、军事等方面给以保障。

　　到了民国初年，杭州纵横交错的运河水系也为沿岸的农民提供了运输的便利，如运肥料、粮食和蔬菜等。也有不少船民的职业就是在运河上运送客人，这种运送客人的船被称为住家船，客人可以在船舱上坐下来喝茶聊天，累了也可以躺下来休息。在美国传教士甘博于1917年拍的一张照片中，可以发现杭州运河上的一条摇

大运河上白天载客、夜里安家的船只　甘博摄　1908年

橹船有一个特殊之处，即船尾有四个人同时在摇四条橹，这个船可以肯定是在运送长途的旅客。当时杭州到苏州的游客几乎都是坐这样的船从运河上走的。

大运河从杭州城一直流淌到北京城。民国初年，杭州运河上的一些人家，他们所有的家当都在一艘船里面。不管岁月如何更迭与变换，船上人家风起雨落，水与船儿日夜厮守，日升月落，船上人家都不离不弃，从容生活。

一些船民在船上娶妻生子，繁衍后代，养儿育女，生老病死，就这样以船为家，一艘小船承载着船民生活的全部。

船上人家跟随着小船，船行驶到哪里，生活就在哪里，运河是他们的家园，运河也是他们的天地，运河更是他们的希望。当时运河杭州段上还经常有一些典型的绍兴乌篷船，因为杭州与绍兴之间有杭甬运河连接，所以，绍兴的乌篷船在杭州也很常见。乌篷船行驶在城北拱墅

撑船的女孩和她的弟弟妹妹　甘博摄　1908 年

杭州运河上的脚踏客船　甘博摄　1917 年

一带的京杭大运河上，有些乌篷船的船夫不是靠手摇橹，而是靠脚蹬桨来驱动船只。蹬桨有很高的技术含量，不仅要使船前进快速，而且还要兼顾方向的掌控，船夫的双腿动作要十分灵敏，对于船桨需要操纵自如，游刃有余。

船夫的手中还有一根短桨，是用来当舵使用，以调节前进方向的。乌篷船的船夫一边用脚蹬桨，一边用手划桨。船夫个个都身手不凡，有很好的协调能力。这些运河杭州段船民的谋生手段在甘博的老照片中被一览无余地展现了出来。

除了船民之外，杭州城里运河人家的生活方式也都是跟运河紧密联系在一起的。许多运河边的人家，在自家门前的运河岸上圈起了一个养鸭场，鸭子在运河里游来游去，可以随时捕捉到运河里的小鱼、小虾吃，省去了主人养鸭子的饲料。

夏天来了，一场暴雨过后，鱼儿会主动跳出水面，这个时候是捕鱼丰收的季节，船上人家绝对不会放弃捕鱼的大好时机。

运河岸边的捕鱼人　佚名摄　民国初年

　　船上人家一年四季可以欣赏到四周美景，自由地呼吸着新鲜空气，但这种与自然景观天人合一的场景并没有我们想象中的浪漫和诗意。夏日的大运河，船上温度太高了，有一个多月的时间是令人煎熬的闷热。如果台风来了，生活上就有诸多的不便，船民们悬于河面受尽颠簸，在风雨飘摇中只能坐在船上吃干饭，大部分船民

船只从大运河桥下驶过　甘博摄　1908 年

大运河上的客船　甘博摄　1908 年

没有一个可以暂时落脚的岸上的家。

　　船上人家的大人们，每天醒来就是辛勤劳作，他们把一生的汗水都洒在流淌的运河之中，在辛苦的劳动中日复一日、年复一年，走过了黑夜白昼、春夏秋冬，不管是以打鱼为生，还是运输货满船舱，或者是迎来送往旅客，一艘船载着老婆孩子，载着家和希望。运河船上的人家把一生的勤劳付诸运河水中，踏踏实实地做一个运河人家的主人，心甘情愿在船上生活一辈子，像运河的水一样守护着大运河。

"翻坝"——
杭州大运河上一大特色景观

　　清光绪十一年（1885），一位喜欢摄影的英国安立甘会传教士格罗夫斯从上海经过宁波来到了杭州，他来杭州的目的就是摄影采风。他到杭州大运河一带转悠，对运河翻坝极其感兴趣，觉得这种原始的翻坝，简直就是劳动人民天才的创意。他在今夹城巷内的德胜坝拍下了这张牛力牵引船只翻坝的照片。我们从照片中的人与坝的比例可以看出，坝两侧水位的落差比较大，以左侧两头水牛、右侧四头水牛牵引船只的方式过坝。格罗夫斯做梦都没想到，他在杭州德胜坝拍下的这张翻坝照片，

郊区运河上的一个翻坝处　格罗夫斯摄　1885 年

会成为永载运河史册的传世作品。在拱墅区无围墙博物馆之一的德胜坝旧址纪念碑上，就刻有以这张照片为原型而还原的场景。

运河是杭州的母亲河，她默默无闻地成就着这座天堂城市。成为世界文化遗产的大运河，其千年历史文化的真正创造者主要是常年生活在运河边上的底层百姓，是那些靠运河谋生的劳动人民。

古时候，运河里舟来纤往，吆喝声此起彼落，俨然是一幅流动的《清明上河图》。大运河南端的水运咽喉，船只翻坝，整日人声鼎沸。

凡是上了年纪的老底子杭州人，都知道有句老话——翻坝过塘。这指的是，在运河南端进杭城水系的"三塘五坝"。三塘，即上塘河、下塘河、子塘河；五坝，即德胜桥北的德胜坝、德胜桥东的石灰坝、艮山门外的会安坝、武林门外的猪圈坝、米市巷西的新河坝。

翻坝是古代劳动人民智慧的结晶，说起来也是一段长长的历史。古时候，北来的船只无法通过大运河直达杭州城里，必须经三条塘河才能进入。运河与塘河水位不一样，都筑有堤坝，一些载货或载客的船，靠的是人拉或者牛拉，将船只拉过两河之间的堤坝，这叫翻坝。

我们追溯历史，德胜坝，是因近千年来杭州城内地层不断抬高，致使城内城外水位有了落差，为了拦蓄城中的河水而筑就的。所以，从此地起，船舶如果要进出杭州城必须以格罗夫斯这张照片中的方式，翻坝而进或翻坝而出。

在古代，无论是德胜坝上面的上塘河还是古新河一线，河道都相当的狭窄，两船相遇不小心就会碰撞出事故来。

于是，古人像我们今天一样设置了航道单行线规则。船舶由大运河进城，必须从古新河入，翻清河闸而进；出城，则走上塘河翻德胜坝而出。两者错开，互不相扰。

从绍兴路东去，在上塘河的一支分岔口上，有一个地名叫"姚家坝"，如今是个水闸。晚清的时候，船只翻此坝进入运河，据说从这边走路途更近，至少要比走石灰坝省一个时辰，翻坝的船只也是整日不停，排成长龙等待翻坝。

再往后的岁月中，德胜坝的船舶翻坝用上了更经济更有效率的绞盘车，但具体究竟是哪一年的事情已无从考证了，从老照片的时间标注来看，至少在1891年的时候还是在沿用古老的水牛拖拽法。当时在大运河边从事翻坝的人员（挑夫、船夫、轿夫、牛车夫）达上千人，翻坝成为古时候运河人家的一大支柱产业。

清光绪五年（1879），当大清帝国的北洋舰队与南洋舰队像模像样地行驶在海上时，大运河中依然是帆樯橹桨，人纤牛拉。

美国传教士裘德生记下了这一年腊月的运河之行。他坐了一艘摇橹船，从上海出发，转入运河。船上唯一能生火的炉子因为倒灌风被熄灭，因而喝不到一口热水。他写道："船夫在船尾摇橹，有时还有纤夫在岸上拖着船走，起风的时候，船夫会在桅杆上挂起一张帆。"整整八天，他靠着传教士的救世理想，度过了令人难熬的寒冷与枯燥。

等待翻坝的船工　甘博摄　1918 年

用绞盘把船拉上翻坝　甘博摄　1918 年

运河木船沿着翻坝处斜坡滑入河道　甘博摄　1918 年

终于到了大运河南端的杭州，他遇到了离奇的经历：翻坝。这让他惊叹不已。

裘德生在《我在杭州生活》中说，杭城的地势南高北低，要是没有堤坝，城内的河流会向城北一倾而出。当然，这不仅仅是说德胜坝，最初的钱塘江潮汛，也能影响到湖墅，"江涨桥"的名字，也是这么来的。

裘德生记载的德胜坝，是座土坝，上河与下河的落差较大。朝下河也就是大运河的一面，坝坡缓长，上面有贴合船底形状的坝槽，条石砌底，表面有厚厚一层光洁的黏土（俗称"青紫泥"），好比润滑油。船只向上拉时，人与货清空，船进入坝槽，坝顶上的绞盘放下绳子，牵住船缆绳，向上牵引。绞盘只是一个大木柱，竖插在大石盘凿成的底座中，上面用支架加以固定（支架也许是三角形的）。大木柱中腰横穿几根木棍，几个坝夫推动木棍，转动绞盘，绳子渐渐收拢，船只徐徐上升。

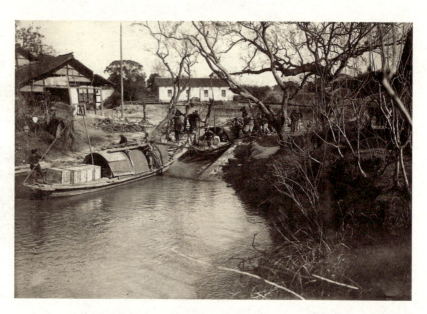

大运河船只翻越长安坝　民国初年

交通枢纽的形成，有具体地势、水文条件的原因。由于钱塘江的涨沙冲刷，海宁靠近钱塘江一侧的地势逐日增高，地形自西南向东北倾斜。长安镇正好位于上、下河的交接地带。从嘉兴来杭州的航程，即自下河往上河的航运，船只穿越大运河长安坝时，也是以畜力或人力转动辘轳、牵引船只，翻越坝顶。古人曾经有许多伟大的发明创造，如今只保留在古籍中，成了纸面上的历史。

英国旅行家毕晓普夫人比裘德生晚来杭州二十年，说到翻坝，除了赞叹土坝"平滑石板斜坡"的设计，还赞叹青紫泥起润滑作用的"巧妙"。毕晓普夫人还提到"竹编绳索"，不但提升稳当，下放时还能钩住船尾减速，以防船头失控冲进"上河"被水淹没。这也让我们感受到竹编绳索的坚韧。

她提到：翻坝的时候，到了坝前，船上人全下来了，货也由坝夫搬运；当坝上的绞盘放下铁链，拴住了船，坝上民工就开始呼起了号子，"一、二、三、四……起来"；几个民工一边高喊，一边绞起木棍转动绞盘，船只沿着泥泞的坝坡慢慢爬上坝顶，然后再从坝顶将船放入上塘河，人再登船，货装进舱。

这是西方人对运河南端翻坝难得的描述，坝顶绞盘的坝夫号子随性大声而喊。每次过坝，船主都要付几个铜板，作为报酬。

繁华落尽，历史沉淀。大运河褪去了往日翻坝的繁华喧闹，老德胜坝早已结束了翻坝的历史，新德胜坝虽然没有了翻坝的风景，但泵站的建立，对于后来的运河，可以用四个字来概括：功德无量。

大运河是有生命的，她的生命与沿河民众的生活紧密交织，彼此相依相存，生生不息。我们的祖先尊重自然、利用自然、因地制宜、大胆探索、敢为人先的创新精神，让中华古老的文明源源不断地流传了下来。

大运河至今已存续2500多年，是世界上少有的仍在使用并不断建设的活态文化遗产。在漫长的历史岁月中，一代代的运河人从没有停下开凿、疏浚、修缮、治理的脚步。正是这样一代接着一代干，才创造了2500多岁的大运河至今仍在使用的人间奇迹。这种与运河水共流淌的锲而不舍、无怨无悔、甘于奉献的拼搏精神，在今天也得到了充分体现。中国大运河作为古代超大型交通水利工程，从规划设计到建设施工，再到维护管理，无不凝结着中国古代劳动人民的聪明和智慧，体现了中国人民大胆探索、敢为天下先的时代精神。

西方摄影师用影像真实地记录了一百多年前杭州大运河沿岸百姓的谋生手段，如今再观，令人感慨万千！

大运河依然静静地流淌着，仿佛向世人诉说着昔日的繁忙。大运河成就了这座城市的经济，也沉淀了杭州悠悠千年的文明史。

岸边的家，大运河给予的恩泽

700 多年前，意大利旅行家马可·波罗来到中国，当他第一次看到运河的时候，不由得惊叹万分。他激动地说："值得赞美的，不完全在于这条运河把南北国土贯通起来，或者它的长度那么惊人，而是在于造福运河沿岸许多城市的普通百姓。"马可·波罗当时把浙江称为蛮子省，他万万没有想到的是，他说的蛮子省的杭州，后来成了世人向往的人间天堂。

大运河像一条白色的丝绸在杭州城区穿插而过，杭州城因为有了运河静静地流淌，才有了水乡的灵气和秀美，才有了小桥流水人家的人间烟火气。

古时候的杭州城河水清澈，人们在河中淘米、洗菜、洗衣裳、淘箕箩、洗竹篮等，洗这洗那。那时候杭州老城区有很多小河、小塘，但随着城市的不断扩展，一些小河、小塘就逐渐消失了。

清末民初，杭州老百姓家都没有自来水，所以女人在运河埠头洗衣服是司空见惯的场景。从美国传教士费佩德于清末民初拍的老照片中可以看出，当时运河的水比较清澈，完全没有什么污染。

拱墅运河边洗衣服的女人们　费佩德摄　1917 年

　　清末民初，西方国家许多人为了揭开华夏大地的神秘面纱，不辞辛劳，以非常简陋的交通工具，冒着随时都会遇到不测的生命危险，来到了"天城"杭州，并用照相机为我们记录了杭州运河人家的生活状态，留下了珍贵的历史影像。

　　美国传教士费佩德于清末民初拍了运河一系列的照片，从上面这张老照片来看，当时运河水静静地流淌，流速很慢，水面在阳光的照射下波光粼粼。许多运河沿岸人家就地取材，在自家门口河边围一道竹篱笆，就是自家的一个养鸭场了。鸭粪直接喂鱼，小鱼儿也可以是鸭子的粮食。靠河吃河，良性循环，这是杭州运河边许多人家生活的真实写照。

　　运河边的女人每天还背着孩子来到河埠头的石阶，洗衣服、洗菜、洗碗，孩子就在母亲的背上，也睡得很香。河面上漂浮着肥皂泡泡，一圈圈，一层层，泡泡越聚越多，女人用手一挥它们就完全消失不见了。妇女们在河埠头

杭州市内运河中的养鸭场　甘博摄　1918年

笑声朗朗，拉起家常永远是细声细语，江南人特有的温柔始终荡漾在湿润的空气里。

　　杭州运河上有很多小桥，桥边有一些小摊贩，常年坐在桥头卖一点杂货，向来来往往的人招揽生意。这些生活图景，融入运河水里，像一幅人间天堂的油画。

　　那时的渔民大多没有什么文化，他们只是靠捕鱼维持生计。台风来了，他们就靠岸抗台，剩下的时间都在船上生活。船家没有休息日，一年到头辛辛苦苦、忙忙碌碌，也只有在快过年的时候，大家才都歇了下来。春节休息时间，女人们便开始对渔网修修补补，做好准备工作，等来年再去捕鱼。年三十，一家老少把全年舍不得买的菜都买来，或者再来一只猪头，年三十供一供菩萨，保佑全家平安。

大运河码头上坐在小吃摊边的人们　甘博摄　1908 年

村旁小溪上的捕鱼人　佚名摄　1915 年

　　美国传教士费佩德于清末拍下的一张照片，展现了月光下捕鱼的渔民。照片看上去似乎皓月当空，运河水面有闪烁着银光鱼鳞般的波纹，小船悠悠，这场景是多么富有诗情画意啊！我们再仔细看看，又似乎像早春三月的江南烟雨，水面上蒸腾着雾气，像河在呼吸喘气，打鱼人划着小船迎着初升的太阳出发，俨然是一幅天然水墨画。

大运河上月光下捕鱼的渔民　费佩德摄　清末民初

　　大运河，就一个"运"字，让水的实用功能活泛起来。费佩德镜头下的这张照片中，运河码头边停着两艘小船，前面那艘是一条小舢板，后面的那艘则是摇橹的客船。它们或许是把客人送到运河对岸的渡船，或许是送客人去运河沿岸任何地方的"水上的士"。

　　运河静静地流淌着，流速很慢很慢，慢到几乎看不

杭州运河码头停泊的小船　费佩德摄　民国初年

见它在流动。河水永远不开口说话，仿佛在默默提醒我
们，生命并不是一次简单的旅行，它们流动着、改变着，
带不走的东西永远带不走，只有家永远是爱的港湾，累
了就回家，不需要任何理由。

每一座古桥，都是一抹乡愁

江南水乡，最绕不开的是水与桥的默契。

　　清宣统二年（1910）的某一天，杭州城下了一夜纷纷扬扬的大雪，天气十分寒冷。天刚蒙蒙亮的时候，杭州月溪照相馆师傅谢月溪拉开窗帘，只见大雪之后整座城市白雪皑皑，一片银装素裹。谢月溪连忙穿上厚厚的棉大衣，快速检查完摄影设备，立即整装出发。他三步并作两步赶到西湖断桥边，白堤上还没有游客，大地仿

断桥残雪　二我轩照相馆摄　1910 年

117

佛被铺上了一层雪白松软的厚地毯，踩上去，发出了清脆的嘎吱嘎吱声。远山和断桥上面玉砌银铺，远远望去，桥与堤似断非断。当他架起三脚架摁下快门，一张经典佳作"断桥残雪"产生了。

"断桥残雪"是著名的"西湖十景"之一。西湖断桥位于北里湖和外西湖的分水点上，一端跨着北山路，另一端接通白堤。家喻户晓的《白蛇传》故事中，白娘子与许仙就在断桥相会。西湖上的断桥最为人们所津津乐道，古桥上的浪漫、离奇、凄美的故事，感动了无数善良的人们。

杭州档案馆提供了一张民国初年时的断桥照片，那时断桥上有一座门亭，隔开城内与白堤。相传古时候桥

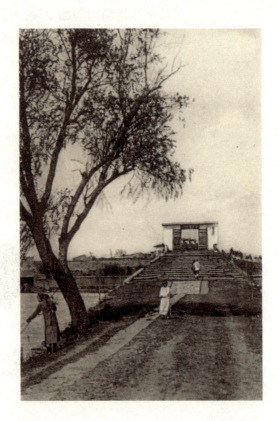

西湖断桥　佚名摄
民国初年

旁有一间简陋的茅舍，住着一对段姓夫妇。两人心地善良，乐善好施，手脚勤快。男的在西湖里捕鱼，女的在门口摆个酒摊，卖家酿土酒，父老乡亲感念段家夫妇行善造桥的好事，便把这桥称为"段家桥"。后来，因为"段""断"同音，便又称作"断桥"。

西湖曲院风荷的玉带桥，至今都是西湖标志性景观。甘博拍摄的民国初年的玉带桥老照片，只有一个石头桥身，横跨在苏堤和曲院风荷之间的金沙堤上。照片中的玉带桥已经垂垂老矣，石缝间爬满了生生不息的野草藤蔓，可见当时这里的人气不是很旺。

玉带桥始建于清雍正年间（1723—1735），是清代西湖十八景之一。20世纪80年代时进行改造，并建了桥亭，全部按清雍正时期的尺度、式样构造，桥墩仍照旧制呈三角形"分水"，远看似下垂带环，为三跨石级桥，是西湖上唯一的一座有廊亭的汉白玉拱桥。《西湖志》记载：金沙港在里湖之西，与苏堤之望山桥对，适当湖

杭州"曲院风荷"东面的玉带桥 甘博摄 1917年

南北正中。雍正年间，浙江总督李卫乐其形胜，疏浚金沙港，复于堤上构石梁，当时因为港中溪流湍急，故设三洞以疏导水势，并通里湖舟楫，状如带环，故名玉带桥。

西湖上共有三堤，这三堤上，就有十五座桥。其中白堤有三座，苏堤有六座，杨公堤有六座。西湖故事随着时空的变换而变换着，而一些实实在在留存在湖面的古桥，是古人为应对自然而建造的智慧结晶。古桥不仅使交通便捷，增添景致，还留下了许许多多的历史传说，可谓一举三得。

西湖上的断桥、长桥、西泠桥被人们称为西湖三大情人桥。断桥有许仙和白娘子定情的故事；长桥有梁山伯与祝英台十八相送的故事；西泠桥有关于苏小小的爱情故事。一个个古迹韵事，带给后人无尽的遐想……

古代杭城货物进出和人们的交通多靠河道船运，市民来回河道自有方便的小桥。《钱塘县志》里说：钱塘居民稠密，百步十寻，辄有桥梁以通往来。13 世纪，意大利旅行家马可·波罗曾经说过："行走杭州，环城诸水，有石桥一万二千座。"马可·波罗的说法似乎有些夸大，杭州的桥再多，也不会有一万二千座。但不管怎样，古代杭州是个水城，运河穿城而过，河道交织，密如蛛网，城内城外和西湖山水桥桥相连，伴水而兴，小桥流水浸润着水乡神韵，桥也自然依水而盛。

桥，不仅是便利交通的工具，也是人类智慧的结晶。

大运河上的拱宸桥有近四百年的历史。清朝替代了明朝之后，康熙皇帝一共来过杭州五次，乾隆皇帝来过六次，祖孙二位皇帝每次来到杭州，都在拱宸桥下船，

拱宸桥 岛崎役治摄 民国初年

乘轿或者骑马入杭城。拱宸桥最初是由民间募资建造的，以方便居民来往行走，后来演变出恭奉帝王的意思，"拱"，即拱手表示敬意，"宸"，古代是指帝王居住的地方。清朝康熙、乾隆由运河乘舟南巡，到杭州必先经此处，进城迎面一座高高的拱形石桥，名曰"拱宸"，果然使他们龙颜大悦。

1895 年甲午战争后，中日签订《马关条约》，杭州开辟通商口岸，湖墅一带被划作日本租界。拱宸桥的桥面原为石阶，日本人为方便通汽车和人力车，将桥面中间用混凝土铺成了斜面。民国初年，日本人岛崎役治在拱宸桥和西湖一带摄影采风，他是日本亚细亚写真社常年在中国各地拍摄风光的专业摄影师，他在杭州拍摄了大量的照片，但流传至今的没有几张。

杭州因运河的开凿而兴旺繁荣，湖墅成了南北交通的枢纽和南北货物的集散地。帆樯来往，熙熙攘攘，居民也逐渐增多，湖墅渐渐成为杭州北部的一个交通商业

拱宸桥　威廉·埃德加·盖洛摄　民国初年

杭州大运河上的桥　甘博摄　1919年

中心，拱宸桥便是湖墅的代名词。

　　运河历史上著名的古桥广济桥，又名通济桥，位于杭州市临平区塘栖镇西北，是现今古运河上仅存的一座七孔石拱桥，建于明弘治二年（1489）。

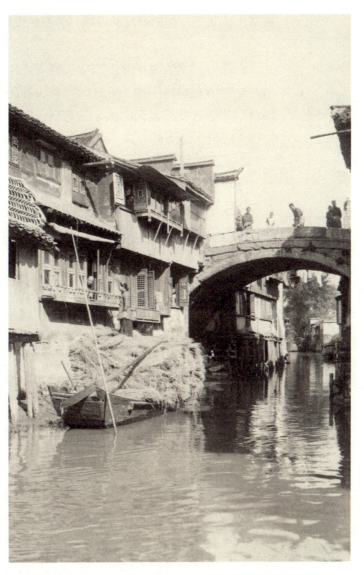

杭州城内河的一座桥　格雷戈里摄　民国初年

　　祥符桥，在南宋《咸淳临安志》《淳祐临安志》中已有记载。现桥为明代建筑，为五孔石梁桥，南北向横跨宦塘河。桥栏板有素面和须弥座两种形式，望柱头雕饰覆莲或石狮。桥梁上有明嘉靖癸卯年（1543）的重建铭文，桥北下方有刻着资助者姓名的石刻残碑。

六部桥，因桥西正对南宋中央官署六部所在地而得名。这座桥在皇宫门前，朝廷六部都设在附近，官员们每日早朝必过此桥。元时改名通惠桥，明称云锦桥，清复称六部桥，沿袭至今。

欢喜永宁桥，原名叫李王桥、里王桥。《杭州府志》载："永宁桥在隽堰东北七里，旧为渡，曰李王渡，乾隆三十五年创建石梁跨大河南北。"

萧山的跨湖桥，位于上湘湖与下湘湖之间，旁边就是跨湖桥文化的发源地。

遗憾的是杭州古桥大多没有留下老照片。

大运河城区内沿途自有大小不同而形态各异的老桥相伴，德胜桥、潮王桥、江涨桥、卖鱼桥……这些桥名一听就很有故事。

杭州有名的城内河道中河，北连大运河，南接钱塘江，纵贯杭州城。中河上至今仍有 40 多座各式各样的桥，其中不乏古桥。中河上的古桥名字有：上仓桥、通江桥、新宫桥、盐桥、三圣桥、柴垛桥……中河上有很多桥的始建年代不详，桥面上的石头已经斑痕累累，老底子杭州人说起这些桥名时，会觉得特别的亲切和兴奋。以前，夏日的黄昏，杭州这些古桥的桥栏上都会坐满了乘凉的老人。桥上的人看桥下的船悠悠驶过，看着外出务工的子女走在回家的路上，立马会露出幸福的笑容迎接子女回家。

今天，很多古桥已经面目全非，令人感到惋惜，许

杭州郊区的一座古桥　费佩德摄　民国初年

杭州城里的一座桥　格雷戈里摄　民国初年

多老桥随着老城改造而消失，一些珍贵的历史符号也随
之消失。尽管杭州城里的许多古桥早已不见踪影，但那
些桥名，却仍然作为活的地名被叫在人们的口头中。比
如浣纱河上的"众安桥"，只有名，没有桥（民国时填
河拆桥），但一点都不妨碍它是杭州城里一座有名的"桥"。
杭州城里，如果有人说我家就住在众安桥旁边，谁都知
道在哪个位置。杭州城的一些古桥消失了，不仅成了老
底子杭州人的一大憾事，也成了他乡游子回到故乡后无

杭州城内的一座石拱桥　佚名摄　清末民初

杭州西溪的一座古桥　费佩德　民国初年

处寻觅的乡愁。"少小离家老大回，乡音无改鬓毛衰。"他乡的游子回到故乡，要是走在故乡的桥上，会心潮澎湃，一种莫名的踏实感会涌上心头，驻足远眺，一叶扁舟，一朵晚霞，一座青山，一缕乡愁，都是一种存在于记忆中的幸福与依恋。

人类因为有了桥梁，才可以不断向远方迁徙和繁衍。一座座古桥，留下了数代人出门谋生的脚印。小桥、流水、人家，古朴的石桥下是静静流淌的河水，不远处村庄的房屋在参天大树的掩映下或隐或现。良田、禾苗、草木，开阔的视野，阡陌交通，鸡犬相闻。远离繁华、远离喧嚣的朴素自然之美如诗如画地纵横伸展。

杭州自隋代以来，就是一座水运之城。千年流淌的河水让古桥不断延续着生命。杭州城内城外河多桥多，一座座桥犹如一条条绚丽多姿的纽带，连接着杭州城的东南西北，贯穿着城市的古今变迁，每一座桥都有为百姓造福的故事，数不胜数的古桥无不带着历史文化的印记。

桥是杭州的文化标志之一，是维系这座古城生命的纽带。各式各样的桥，对于杭州也都有着不同一般的意义。古人留下来贯穿老城区纵横交错在条条河浜水道上的众多小桥，至今惠泽于民，兴盛着古城的繁华。

第四章

市井风情，承载钱塘自古繁华

题记：

　　清末民初，一批西方摄影师在杭州御街、大井巷、延龄路等街头巷尾街拍，随处感受着钱塘自古繁华。杭州古时候的一些手工业产品，成了现在的非物质文化遗产。当时匠人对产品质量一丝不苟的态度，和当下提倡的工匠精神一脉相承。

熙熙攘攘的街道，
呈现当时的商业环境

杭
州
风
韵
H A N G
Z H O U

　　清光绪三十四年（1908）秋，年仅 18 岁的美国业余摄影师西德尼·甘博端着相机在杭州城大街小巷街拍。当时杭州街头出现蓝眼睛的西方人已经是很新鲜的事，何况他还扛着照相机一路走一路拍，那就更加引人注目了。甘博走到哪里都有一些百姓围观着，人们看着甘博摆弄手里的相机显示出十分猎奇的心态。

　　甘博对杭州南宋御街熙熙攘攘的一切都感到很新奇，他在人流中捕捉人物个性，并用相机记录了清末时期杭

杭州南宋御街
甘博摄　1908 年

州城老百姓的生活状态和时代特征。

甘博镜头下的杭州南宋御街，两侧摆满了摊位，一位男子大步流星地走来，右侧是一位妇人背对着镜头（上图）。

甘博一路走来，街道两旁的杭州丝绸、西湖龙井、西湖藕粉、杭州油纸伞、临安山核桃以及街道旁边各种小吃摊琳琅满目，目不暇接。照片中的杭州御街古朴热闹，各类店铺鳞次栉比，石板路虽然不宽敞，但十分清爽整洁。

杭州的一处小街巷，两侧挂有"泰元绣庄"的广告招牌，近处几人好奇地看着甘博在拍摄，前方路中间，两位轿夫抬着轿子，晃悠悠地过来。

清朝末年，由于西方列强入侵，特别是经历太平天国和两次鸦片战场、中法战争、甲午战争以及八国联军侵略等原因，中国处于贫穷落后状态。

1860年以后，杭州一度成为清军与太平军争夺的要地，太平军曾两次攻克杭城，由于战乱，杭州人口锐减，经济遭到很大破坏。中国财政国库里的白银几乎掏空，大部分的白银落在了地主、官僚、买办、外国商人的手里。当时的中国因为人多，而且很少买外国的东西，都是西方国家的人来高价买中国货，所以国民生产的东西价值很高。从GDP数据看，清末中国还是世界上的强国之一，虽然不能跟英国相比，可即使到了1900年，中国的经济实力依然高居日本之上，也是亚洲强国之一。

中日甲午战争以后，杭州出现了一些近代化机器工业，有棉纺、面粉、洋烛、石碱、肥皂、罐头、砖瓦、电灯、

杭州南宋御街　甘博摄　1919年

杭州南宋御街上的店铺　甘博摄　1919年

石印等民用工业。

尽管如此，甘博镜头下清末民初的杭州南宋御街，商铺林立，市场繁荣，仍然是一派人间天堂的景象。从照片上看，两旁的店铺大都是两层楼的木结构建筑，店铺一楼的店面房一般都用可以拆卸的门板，到了晚上店铺关门的时候，门板可以插上门栓卡住再锁好，白天就拆掉门板做生意。

当时的店铺外悬挂的广告也很有时代特征，可以一目了然看清这家店卖的是什么东西。街上熙熙攘攘的行人和人力车使街道显得有些狭窄和拥挤。

清末民初，御街是最繁华的商业区，街景跟现在中山路的样子大相径庭。那时候大街是按照"坊"来分段的，如现在北起庆春路，南至鼓楼的中山中路这一段被划分为弼教坊、里仁坊、寿安坊、积善坊、三元坊、保佑坊、甘泽坊、太平坊、清河坊。每个坊之间都筑有一座砖砌圆拱门的高墙，拱门上方刻有坊名，门下则装有木栅门。每天深夜，木栅门会被关上，更夫则敲着梆子，在坊内来回巡逻，以确保坊内平安。保佑坊这一带是大街上最热闹的地段。

清末杭州丝绸和茶叶贸易最为繁荣。绸缎号称"衣被天下"，西湖龙井冠誉全国，"五杭"（杭扇、杭粉、杭线、杭烟、杭剪）驰名天下。制药、制筷、制伞、制笔、制鞋、织绣等手工业也声名鹊起，商业异常活跃，市井街巷店铺林立，茶叶、药材、酒、绸缎等都开起了专卖店，还有一些综合性商店。本省、外省府县商人来杭开店的也很多，各种集市遍布城内外。中药业也日益兴盛，出现了胡庆余堂、叶种德堂、方回春堂、张同泰等一批知名中药门店。此外，造纸业、锡箔业、印刷业、刻书

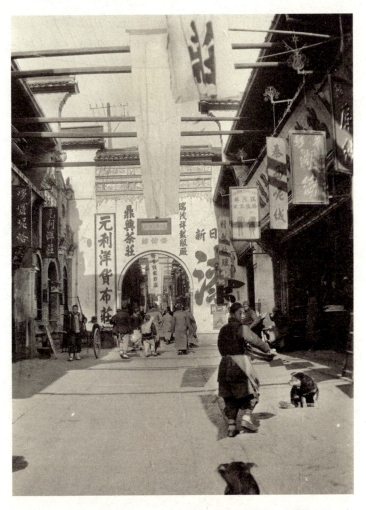

杭州南宋御街的保佑坊 甘博摄 1919 年

业仍很发达，纺织业、银行业、交通业等民族工业兴起，杭州通益公纱厂、浙江兴业银行等近代工商企业如雨后春笋般出现。杭州市肆林立，热闹异常，衣食住行、饮食娱乐，无所不有。

　　钱塘自古繁华。可是繁华到什么程度呢？有柳永的《望海潮》为证，"烟柳画桥，风帘翠幕，参差十万人家"写的是人烟鼎盛、楼阁重叠、环境美好，正是一派人间天堂的景象。"市列珠玑，户盈罗绮，竞豪奢"，街市上遍布珠宝，家家户户绫罗绸缎，这才是藏富于民的繁华富庶。

杭州之所以能够自古繁华，离不开这个城市的地理位置、商业环境以及承载自祖先的基因与创造。

甘博用相机记录了清末的杭州城，能让后人产生一些共鸣，寻找祖先那时候生存环境的记忆，也可以让后人了解那个时代的风貌。

古时候发达的手工业，
成了现在的非物质文化遗产

"磨剪子嘞，戗菜刀呦，弹棉花哦，修缸补锅哦，修雨伞骨哦……"在杭州城，凡是上了年纪的人，小时候都听过走街串巷的手艺人嘹亮的吆喝声。

对于手工业老字号而言，哪块金字招牌背后，没有一个传奇的故事？具有中华民族工匠精神的"五杭"之一的张小泉剪刀，其历史可以追溯到明朝万历年间（1573—1620），其前身是剪刀匠人张思佳在徽州黟县开设的一家叫"张大隆"的铁匠铺。因为在家乡得罪了村里的一个恶霸，生意没法做了，张小泉的父亲张思佳便挑起铁匠担子，举家流浪至杭州，在大井巷内觅到一块空地，开始搭棚设灶，开起一爿铁匠铺来，挂的招牌仍是"张大隆"。大井巷在城隍山脚下，是一处热闹的地方，又是杭州商业中心，张家在这里开铁匠铺，生意倒很不错，再加上他的手艺不错，剪刀能出精品，爷儿们又肯下功夫，日子倒一天比一天过得好起来了。

张小泉自小机灵聪明，学习认真，父亲张思佳尽心尽力把祖传的手艺教给他。所以没几年工夫，张小泉不但学会了祖传的手艺，自己还在熔、铸、锻、打、磨各方面认真琢磨，对技艺精益求精，打铁的本领比他父亲更胜一筹。人们从他那儿买的菜刀，剁骨头也不会卷口。

张思佳过世后，张小泉接过家业，他一直恪守"良钢精作"的祖训。看似普通的张小泉菜刀、剪刀，要经历试钢、试铁、拔坯、开槽敲断、打钢等72道工艺，可以说是十分麻烦，但他依旧脚踏实地做好工匠的工作。他制造出来的剪刀由于镶钢均匀、磨工细腻，刀口十分锋利，开闭自如、经久耐用，所以许多专业人士，如裁缝、锡匠、花匠等，都纷纷慕名而来定制"张大隆剪刀"。于是，渐渐又出现了专业的鞋剪、袋剪、裁衣剪、整枝剪、猪鬃剪…… 慢慢地，"张大隆铁匠铺"就成了专卖剪刀的铺子。

张小泉做生意很讲诚信，为人处世态度和蔼、厚道实在，所以生意越做越红火，导致铺子人手不够用。张小泉就雇用了5个伙计，还带了几个徒弟，专业做剪刀。他对伙计和徒弟非常严厉，要求工序上一丝不苟，绝不走捷径，否则就达不到质量要求。他向顾客承诺，他家的剪刀绝不偷工减料，绝不以次充好，伙计们个个都一心一意为张小泉卖命做事。

由于张小泉勤勉有加，每日刻苦钻研，不断摸索，对锻打、出样、泥磨、装钉、抛光等各道工序都有所创新，他制造出来的剪刀物美价廉、锋利耐用、与众不同，使得店铺剪刀供不应求，经常卖到脱销。

有一天，伙计张阿六看着店铺生意这么好，开始起了歪心，心想，反正顾客也不懂锻造工艺，少了一两道工序又何妨。所以，他私下偷工减料，将72道工序私自减去了两道，但做出来的剪刀照样畅销。有一天，张阿六正在沾沾自喜地对张小泉徒弟说起了自己走捷径的小聪明，刚好被外面进门的张小泉听到了。这时候，平时

张小泉杭州鼓楼店，店内师傅一边照看店铺一边制作剪刀　甘博摄　1919 年

脾气很温和的张小泉突然火冒三丈，只见他啪的一声把桌子掀翻了。几个伙计和徒弟一下子被张小泉的举动吓蒙了，张阿六连忙后退三步，扑通一声跪下来向张小泉赔礼认错。

之后，张小泉亲自写了一张通告，把伙计偷工减料的事情写得一清二楚贴在店铺门口，把已经卖出去的剪刀全部召回全额退款，或者换新的商品。

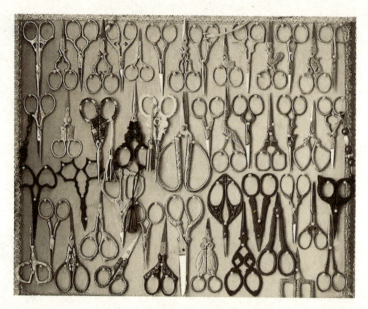

各式各样的张小泉剪刀

　　清康熙二年（1663），康熙帝来到杭州，在"张大隆"店铺门口看见这则通告，马上派人拿来纸和笔，写下"张小泉"三个字，从此店铺改名为"张小泉"剪刀专卖店。多年以后，乾隆皇帝下江南游至杭州时，也到张小泉店买剪刀，用后赞不绝口，后令浙江专办贡品的衙门，专门进贡张小泉剪刀为宫用之剪。此后张小泉的市井剪刀一跃而成了御用贡品，张小泉的宫廷御剪就这样闪耀了最后的封建时代。

　　"张小泉剪刀"的锻造技艺在杭州代代相传，品质越来越好，款式越来越多，销路越来越广，成了遐迩闻名的杭州特产，小小剪刀，进入了千家万户的寻常百姓家。

　　清光绪三十年（1904），已有百年历史的张小泉剪刀，是获准于我国历史上第一部商标法颁行之初的产品，张小泉成为我国商标注册史上的第一批注册商标之一。

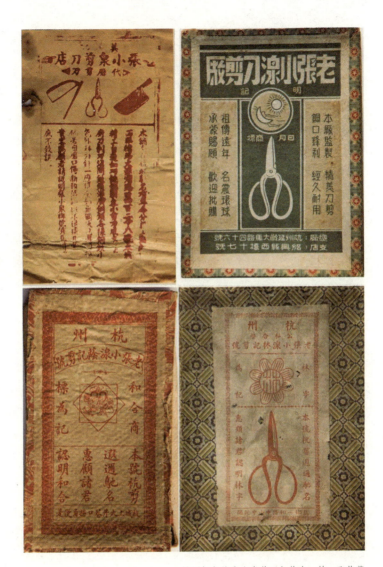

民国初年的张小泉剪刀包装盒　韩一飞收藏

清宣统二年（1910），在南京举办的南洋劝业会上，"张小泉剪刀"获得银质奖；1915年），在巴拿马万国博览会上获得二等奖；1929年，在首届西湖博览会惊艳亮相，获得了特等奖。从此，"张小泉"的名字誉满全球，张小泉剪刀打开了国际市场，漂洋过海，远销南洋、欧美一带，成为中国制造的一张金名片。

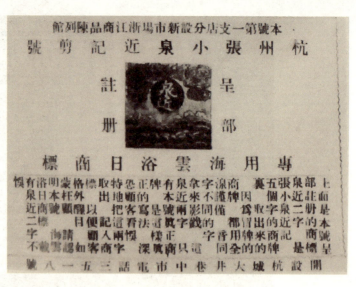

民国初年张小泉注册商标

　　民国初年，一个华灯初上的傍晚，喜欢街拍的西德尼·甘博来到了杭州城张小泉店门口，看见一位匠人专心致志在锻造小剪刀技艺，他深深地被吸引住了。就是这么短暂的一瞬间，一声咔嚓，却定格了永恒。

　　一个以家庭作坊存在、师徒传承为续的手工技艺，成为这座城市的中华老字号金字招牌，也为这座城市烙下深深的文化印迹。"张小泉"作为历史最为悠久的中国剪刀品牌，是商务部认定的第一批中华老字号，成为国人心中剪刀的象征。在 2006 年首批国家非物质文化遗产推荐名录中，张小泉剪刀的锻制技艺亦名列其中。

　　"张小泉"从一家家庭作坊式小店铺起步，到传统老字号，几经改制、搬迁升级，直到建立接轨现代资本市场的股份制企业。"张小泉"目前已发展成为一家集设计、研发、生产、销售和服务于一体的现代生活五金用品制造企业，产品包括剪具、刀具、套刀剪组合和其他生活家居用品，并于 2021 年 9 月 6 日正式登陆 A 股创业板，成为"中国刀剪第一股"，是杭州首家上市的百年老字号。上市当天，张小泉股份有限公司董事长张国标表示：未来，"张小泉"将始终肩负民族工业振兴的使命，与时俱进，不断开拓，把这块金字招牌继续发扬光大。

杭州有数不胜数的手工业，王星记一把扇子百年传承的故事同样精彩。

此外，还有杭州丝绸、西湖天竺筷、西湖绸伞、杭州刺绣、潘永泰弹棉花技艺等，杭州的传统特色手工艺产品，都有着非常悠久的历史。

古时，人们把手艺人称为匠人，其对产品一丝不苟，和当下提倡的工匠精神一脉相承。时光流转，拥有精湛技艺的手艺人越来越少，传统手工业逐渐被现代化机器所取代，其技艺渐渐成为非物质文化遗产。然而，不变的是中华老字号深厚的文化底蕴，匠心在当下依然闪耀。

张小泉剪刀是杭州手工业的代表之一，也是中华老字号发展的缩影。杭州许多优秀传统手工业经历数百年传承，在传统手工业向现代化工业化发展的道路中，继承非物质文化遗产，发扬工匠精神，不断创新，让更多杭州手工业产品迈向世界。

匠心经营的王星记，
成了市场营销的鼻祖

说起杭州的百年老字号制造业，有很多人还记得它——王星记。

清光绪元年（1875），王星斋在杭州创建了王星记扇庄，地点就在杭州扇子巷 89 号。如今即使是上了年纪的人，能准确说出扇子巷位置的也已不多了。扇子巷原来是从清泰街西口一直延伸到鼓楼的这个巷子，现在看不出一点点当年的痕迹了。

许多东西，只能在历史中去找寻了。

晚清的时候，杭州传统市井生态最集中的南宋御街、扇子巷、大井巷、河坊街、延龄路一带的大街小巷中遍布店铺，手工业非常繁荣。这在今天来看不足为奇，但从商业发展史上来看，却是了不起的大事。

那时候很多门店都是一边制作、一边出售成品的作坊店铺。这种亦工亦商的店铺师傅，基本是世代相传的，他们十分重视质量和品牌声誉。如清河坊是扇铺集中之地，到了清代这儿已有一百多家扇店。又如书店，也是刻板、印刷兼出售。较大的书籍铺也有二十多家，棚北睦亲坊陈宅书籍铺和棚北大街陈解元书籍铺有刻工数十人，刻印了唐宋名人诗文集及笔记小说一百多种，雕版细致，纸墨精新，深受读者欢迎。

王星记扇庄，以家庭作坊式存在、师徒传承为续的手工技艺，成了这座城市的金字招牌，也为这座城市烙下深深的文化印迹。

创始人王星斋，出身于三代扇业工匠之家，二十多岁时就成为杭州制扇业中一位砂磨名匠。其妻陈英是远近闻名的黑纸扇贴花洒金高手，夫妻俩坚信"精工出细活，料好夺天工"，他们以高超的技艺独树一帜，在杭州扇子巷办起了家庭制扇作坊。

有趣的是，王星记不仅扇子做得驰名中外，还是中国第一个产品营销的雏形。有一天，王星记的老板王星斋坐在自家店铺门口，看着门口川流不息的人力黄包车，深深地陷入了对扇子销路的思考中。他想，我们家的扇

王星记写字

子做得这么考究，外地人都不知道，怎么样才能在市场上打开销路，把扇子卖到全国各地呢？他突发奇想，想到了与黄包车的车夫们合作，决定让每个车夫拉进来一个外地客人，就给车夫一个铜板的报酬。于是，他把一个经常为他店里送客的王阿七叫到店里商量。此时，王星斋说："阿七，从今天开始，只要你帮我把外地来杭州进货的客人拉到我店里，不管客人有没有买我们家的扇子，我都给你一个铜板作为报酬。"

王阿七感到十分意外。他说："王老板，你说这话算数吗？如果真的，我把这个消息传给更多黄包车的车夫，让更多车夫到你这里赚钱，可以吗？"

王星斋立即拍着胸膛说："我王家人做事一向讲诚信，君子一言，驷马难追。如果我说话不算数，你随时来砸我的店铺。"

王阿七马上说："那我一定多多为你拉客，并把这个消息告诉其他车夫。"就这样，一传十，十传百，在车夫们口口相传名声远扬后，王星记的扇子生意越来越好，王星斋做工精美的扇子成了家喻户晓的产品。

王星记扇子赢得了杭州当地人的喜欢，渐渐地，王星斋制作的扇子需求量成倍成倍地增加。他开始扩大作坊、扩大店铺，慢慢地，王星斋把当初的小规模作坊发展成了制扇工厂，先后在杭州开了十多家连锁门店，1893 年又在上海城隍庙开了一家季节性的店铺，每年到扇子旺销季节，王星斋将家庭作坊中所做的扇子，运到上海去出售，并兼做点批发。当时人手少，资本有限，每年出品不多。但是，王星斋夫妻选料认真，制作精细，所产高级花扇，深受贵族和文人墨客的喜爱。因此，王星记巧制扇子的名声日益响亮，远至京津一带也有顾客

王星记扇子店铺　格雷戈里摄　民国初年

前来订货。此时，王星记扇子的销路已经打开，有了一定的资本积累，为进一步发展提供了基础。1901年，王星斋到北京，正式设王星记扇庄，增加了扇子的品种，扩大了销售范围。每家门店还兼做"物流"业务，每个门店兼成为一个包裹寄存点，远近乡邻串门如果遇到主人不在家，或者外地商人来进货，都可以将东西寄存在王星记的店铺，这样不仅赢得了口碑，还为门店争取到一个个新的客户源渠道。

清宣统元年（1909），王星斋病逝，其子王子清继承父业。他发扬本庄名扇的优秀传统，率先以檀香木为材料，取西湖名胜"西泠""玉带""双峰"为名制作檀香扇。王星记由家庭作坊发展成制扇工厂，王星斋制作的精美扇子，在扇艺的选材、做工及品类等方面，都极为讲究，对制作过程亦严格要求。

自从王星斋扇庄进军上海、北京等地开设门市部，于天津、沈阳等地建立分销点后，王星记的销售网逐渐覆盖全国各地，晚清时还年年进贡朝廷，深受皇宫贵族们喜欢，因此王星记扇子也被称为"贡扇"。1929年，王星记扇子在首届杭州西湖博览会艺术馆的陈列竞赛中荣获金奖，王星记扇子从此声名远扬。在博览会期间，王星记扇子被选购一空，还接受国外两年订货，外销市场自此打开，王星记扇子生意日益兴隆，被人们誉为"扇子总汇"。

同年，王子清向政府注册了"三星"商标，同时在杭州太平坊开设规模为四开间门面的王星记扇庄，并不惜重金大做广告宣传。王子清大胆承揽了相当一部分的批发、门市业务。在抗日战争前后，王星记抵御了日本扇子带来的市场冲击，击败了同行业的竞争，在市场上占据了主导地位。

"王星记"不仅是雅扇艺术的鼻祖，还成了市场营销的开山鼻祖。

拥有约 140 年历史的"王星记"，如今是著名的中华老字号企业，也是中国制扇行业中最大的扇子综合厂。现在，王星记扇厂年产各类扇子一千多万把，除供给国内市场外，还远销英国、美国、加拿大、巴西和日本等80 多个国家与地区，有 70 多个国家、5 万多名外宾参观过王星记扇厂。

王星记扇厂出厂的扇子有 15 个大类，400 多个品种，3000 多种花色，被世人誉为"美丽、辉煌的扇子王国""东方艺术的瑰宝"。

杭州的扇子，自古有"雅扇"之称，五彩缤纷，种类繁多。老百姓用的有葵扇、竹扇、芭蕉扇、绢扇、羽扇、纸折扇、檀香扇、麦草扇等。葵扇朴实自然，竹扇轻巧灵便，绢扇古雅轻盈，羽扇悠闲飘逸，纸折扇潇洒大方，檀香扇华贵香馥。林林总总，堪称扇子的大千世界。

历史上有许多老字号曾名冠四方，但在岁月长河中，由于各种原因，很多早已衰败，甚至销声匿迹，而百年王星记却始终坚守着匠心，在传承之下不断创造新的辉煌成就。

制造业初见雏形，
工业文明在杭州有了星星之火

　　清乾隆至嘉庆年间，杭州手工业商品经济的发展日益繁荣。丝织、绸缎、纸、蚕桑、木器、竹编器、烟草等形成了一些比较集中的生产区。

　　到了道光年间，杭州民间从事织布的人家有数万户，一些大型丝织工厂也出现了。不光是丝织工业发展迅速，其他的手工业也得到了空前发展。当地人在艮山门外开设了大量的染铺，染坊规模不断扩大，炼染技术也不断提高，这又推动了炼染工具和丝织工具的进一步发展，杭州因此形成了以丝织业为核心的手工业体系。

　　到了光绪年间（1875—1908），杭州绸缎的织机要比织带机的规模大许多，而且其制作工艺也比织带复杂得多。杭州的丝织业一直很发达。晚清时期，杭州手工业迅速发展的同时也促进了商业的发展，已经开始突破了之前那种自产自销的"铺席"经商方式，出现了外地商人和杭州城远距离的商业贸易活动。

　　杭州的丝织业在手工业中占有重要地位，无论数量或质量都有很大提升，所产丝织品畅销全国，吸引了外省客商前来购买贩运。清光绪二十三年（1897），据

杭州通江桥九合染坊　甘博摄　1918 年

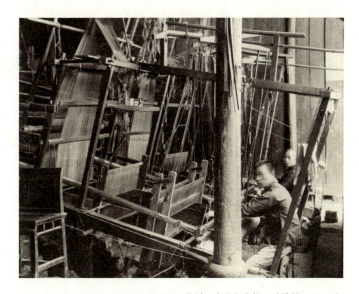

杭州一个丝绸作坊　甘博摄　1918 年

杭州一家细木作坊的祖孙三代　甘博摄　1918 年

英国旅行家毕晓普夫人访问杭州之后的报告，杭州拥有7000 多架织绸的手工织机，约 28000 人和 360 架织机在一位钦差大人的监督下，专门为皇家生产丝绸产品。这些在甘博的老照片里为后人了解杭州丝绸工业的变迁和发展提供了一个直观的参照物。

　　杭州是一些手工业品或经济作物的集中产地，家庭作坊小生产者生产的产品已主要不是为了自给，而是更多的在市场出售。木器和竹编器物有竹箩、竹席、竹筐，木槌、木屐、木桨、木矛、木箭镞等，可见当时的竹木制品十分丰富。

　　伞业也是杭州一门古老的传统手工业，绸伞和天堂伞至今仍是杭州的金字招牌。光绪年间（1875—1908），从日本传入洋伞，于是后来衍生出西湖绸伞，进入民国之后，又发明了油布伞，因其坚固耐用，一直到 20 世纪 70 年代仍然销路不衰。

杭州一家油纸伞作坊　甘博摄　1918年

杭州一户养蚕人家　甘博摄　1918年

　　杭州一带历史上就是蚕桑产区，每当蚕茧收成之时，就有杭州商人携带资金分赴各乡村，利用蚕家急于出售的心理，乘机贱价收购，垄断了市场。杭州一带所产蚕丝除了销往各地，还有一部分销往国外市场。

杭州御街上正在制作棕绷床垫的手工艺人　甘博摄　1918 年

　　那时候还有手工制作棕绷床垫的手艺人，制作灯笼的工匠，手工竹篾行，弹棉花作坊等，很多手工业是祖孙三代的家庭作坊，手艺都是代代相传的。不难看出当时的手工家庭作坊其实就已经拥有了工厂的雏形。一些小工厂引进机器，形成具有一定规模的工厂，大大地节省了时间和劳动力，这无疑是一个很大的进步。

　　清末民初，杭州的街巷热闹非凡，各种手工艺和家庭作坊生意兴隆，生机盎然，他们各自经营着自己的生意，使这个城市充满了繁荣的商业气息。由此我们也可以明白，杭州很多工厂和老字号品牌并非一朝一夕形成，而是通过家庭作坊以及手工制造业工厂的长期铺垫，才有了我们后来看到的现代化工厂规模和高端大气上档次的手工业产品。

正在钻孔的一位木作坊小学徒　甘博摄　1918 年

杭州弹棉花匠　甘摄博　1919 年

第五章

人间烟火气，最抚凡人心

题记:

　　清末民初，国家百废待兴。普通百姓的生活必需物资相当匮乏，大多数老百姓的生活处于十分贫穷的状态。西方摄影师用镜头记录了杭州寻常百姓的市井生活：钱塘江边的水牛车、未雨绸缪的木炭店、尽职尽责的水乡邮差、焚烧鸦片的现场浓烟和有凝聚力的乡村族群。那时候，虽然生活清苦，但人间烟火气，最抚凡人心。

城市"卖炭翁"夏天就开始备柴料

　　烧木炭，古时也称"炼火"。木炭是用木质原料经不完全燃烧或于隔绝空气的条件下，热解后所余之深褐色或黑色燃料。烧木炭这种古老的烧制技艺，传承至今，已有一千多年的历史。

　　在古代，不管是城市还是乡村，木炭一直是人们生活的必需品。冬天，一家人围着火炉，老人、小孩的双

杭州一家木炭专卖店　甘博摄　1918年

手放在小火箱里烤火取暖，或起火烧饭、炒菜，都离不开木炭，所以，自古就有生产木炭的习俗。

那时候，老百姓维持生计，大部分人靠种田，少部分有钱人家供男孩子读书，为了考取科举当官。还有一些男人谋生的手段，是卖炊饼、卖布匹、卖木炭、开药铺、打铁、摆摊……女人们基本上就在家劈柴、烧火、做饭、打猪草、采桑、纺纱、织布、刺绣、做针线活，或者就是给有钱人家去当用人，洗洗衣物。

清末时期，杭州吴山山脚下大井巷的一户人家在自家门口经营木炭，勤劳的木炭店主人张阿明每年从夏天就早早开始备料，为了满足寒潮来临的时候来他们家买炭的左邻右舍和一方百姓的需求。他家三兄弟一起经营的木炭店，烧制出的木炭皆为上品，得到了回头顾客的一致好评。阿明三兄弟从夏天就开始四处收集木柴，把山里的木柴通过水路运到城里，他们收购和采集的木柴一般都是硬木，三兄弟亲自动手把木柴、木棍截短，按粗细、长短进行挑选，然后将挑选过的木柴在店门口一捆一捆分类排列堆放，到了天冷的时候现烧现卖，木炭大小不同，价格也不一样。

每年到了穿秋裤的季节，面临寒潮，很多人家为了利用木炭烘手取暖，纷纷都来阿明木炭店买炭。这时候，阿明的木炭店日夜加工木炭，忙得不可开交。

烧炭是一项技术活，阿明每次把店门口砍好的木柴搬到后门炭窑里装满后，会用石头把窑门严严实实地垒住，再在窑上面撒上草木灰，防止跑气。这种土窑，正面有用石块封的石门，窑的上方还有一个出烟的烟囱，烧火的门和里面的木柴之间，只和上面的小烟囱相通，火苗随气流飘入窑内引燃窑内的木柴。

从城外运输烧木炭的木材　格雷戈里摄　民国初年

储备的木柴

烧炭的火苗

烧木炭的时候很有讲究，要选择一个避风处，不能选在风口处，不然的话，会造成顶风，影响烧炭和点火。阿明的烧炭技术达到了炉火纯青的地步，他知道窑顶厚度要在五米以上，如窑顶土薄，可能会造成窑温升高崩塌。土窑里面的火是否旺盛，看烟囱里透出烟的浓度就知道了。一般一窑炭要燃烧三天三夜。烧制木炭封窑要很讲究，少一个细节都不行。封窑后还要等待三天才可以打开窑门，准备出炭。一窑木炭的完成，封窑的时间是个关键的技术：封早了，木柴没烧透；封迟了，木柴可能化成白灰了。

烧木炭是一件非常辛苦的体力活，从早到晚几乎没有时间歇息，从砍柴到劈柴后截成一段段的木头，再搬到土窑烧至成木炭，整个过程费时费力，大概需要六七天的时间。阿明三兄弟不仅对制作木炭很有经验，而且还能吃苦耐劳，为很多人"雪中送炭"。三兄弟一起经营木炭，生意做得不算大，赚的钱也不多，虽然生活是清苦了一点，但一家人和睦相处，赚的钱至少还可以维持全家人的生计。

木炭和烤火器具

　　随着制炭工艺不断提升和木炭的用途、用量日益增加，木炭价格慢慢开始涨了一些。据光绪二十五年（1899）的《钦定大清会典》记录：白炭千斤，准银十两五钱；黑炭千斤，准银三两三钱。阿明一家人的日子也慢慢开始一天天红火起来。

　　为应对寒潮，众多顾客纷纷首选购买阿明家的木炭。他家的木炭不会有较大的火焰，燃烧的时间比较长，可以使室内温度长时间保持温暖，木炭成了使用率最高的取暖产品。日复一日，一窑窑木炭，承载着阿明三兄弟全家人对生活的期盼。

　　随着时代的发展，电力、汽油、天然气普及以后，木炭用途逐渐减少，烧炭这种手工艺也几乎失传，人们的取暖方式也发生了翻天覆地的变化。地暖、空调、暖气……多种多样，再加上国家实施森林禁伐、退耕还林、天然林保护等政策，用木炭生炉火取暖已远离人民的日常生活，烧炭这一古老的劳动风景也淡出了我们的生活，木炭取暖留给人们的将是远去的记忆。

钱塘水牛车，接驳上岸"一百米"

清末民初，杭州钱塘江潮起潮落，只能看月亮识潮汐。新月时涨潮，弦月时退潮，满月时，潮水汹涌澎湃。

因为钱塘江到了退潮时期会出现一段滩涂泥泞，这种情况下水运和陆地运输之间会形成"一百米"的阻隔，而水牛车正是连接这"一百米"的重要接驳工具。

家住杭州钱塘江畔的水牛车夫阿翔，常年靠在滩涂上用水牛运盐卤等货物赚点工钱来维持一家人的生计。这些沿海一带运过来的盐卤是制盐的母液，蒸发冷却后能析出结晶的食用盐，是家家户户烧菜的必需品。

阿翔对钱塘江的潮汐时间和运输盐卤的货船什么时候需要水牛车、什么时候卸货了如指掌。每当外地到杭州的货船遇见退潮露出一大片滩涂的时候，船只无法靠到岸边，阿翔总是第一个把水牛车赶到卸货船只的边上。

阿翔很熟练地把两头水牛车拉着的一个大木桶赶到货船中部与船平行的地方。由于盐卤是液体，所以货船在运输过程中是装在船板之下的船舱里。卸货的时候，船夫先将盐卤舀到船板上的小木桶里，然后再通过一根

钱塘江上运盐卤船正卸货到牛车上　甘博摄　1918年

装好盐卤的牛车起身上岸　甘博摄　1918年

牛车将装满盐卤的桶运到岸上　甘博摄　1918年

管子导到阿翔的大木桶里，整个过程都是在滩涂的浅水区完成的。大木桶装满盐卤后，阿翔盖上木桶的盖子，自己就站在大木桶的盖子上，拉起驾驭牛车的缰绳。随着阿翔的大声吆喝，两头水牛缓慢地迈着坚定的步伐，牛车就载着装满盐卤的大木桶在水中开始了艰巨的一百米左右的运输任务了。四轮水牛车顺利地把盐卤从浅水区拉到了江边岸上，反复来来回回，一直到天黑才收工。

甘博镜头下的这种四轮水牛车成了钱塘江连接陆地的重要交通工具。水牛运输车除了用于连接钱塘江和码头之外，还用于拉送一些货物，一些运输押送货物的人也会坐牛车上路，路上还要拿着鞭子驱赶着牛，同今天开货车运输的"货拉拉"性质差不多。

由于当时钱塘江潮落时露出的滩涂十分泥泞，人在上面行走会很困难，江边陆地上的很多路也不是平整的土路，所以水牛车是最好的运输工具。

钱塘江畔拉货的水牛车 甘博摄 1918 年

水牛车把顾客运送到船上，或者把船上的货物接驳到岸上。

水牛在中国南方驯化得较早。水牛的最大特点是喜欢水，是游泳高手，也可以涉水负重行走。水牛的力气很大，拖带几百斤不在话下。水牛还很有耐力，所以在江南农村地区被广泛使用，耕田耙地、运输等都要靠水牛。水牛是不可多得的农活好帮手和重要劳动力，但像杭州这样把它当成运输工具的在其他地方并不多见，因此水牛车成为杭州钱塘江边的一道风景线。

水牛车的四个车轮子都是木头做的，没有今天的充气轮胎，车轮子在滩涂行驶全靠牛的力气，在地面更是硬碰硬。于是，牛车跑得越快，颠簸就越厉害，而且飞起的尘土也就越多，乘车的人也不怎么好受。

对于钱塘江边无法靠岸的运输情况来说，四轮牛车是装货和卸货时最实用和必不可少的工具，所以水牛车

拉货的水牛车　甘博摄　1918 年

水牛在池塘中歇息　甘博摄　1918 年

的车夫们对于从事强负荷劳动的水牛们照料有加，尤其是在烈日炎炎的盛夏，每逢工作的间隙，车夫们就会把水牛赶到附近的池塘里，让劳累的水牛在那儿安静地休息一会儿，这样水牛的肌肉可以得到充分的放松，也有利于水牛恢复体力，以便更好地继续干繁重的体力劳动。

甘博作为一位社会学专家，对于社会各阶层百姓的生活状态非常关注，他对钱塘江上的四轮牛车十分感兴趣。这种运输工具是他在美国从来没有见过的，所以，他三番五次来到钱塘江边，并拍下了大量水牛车运送货物的影像，为后人提供了许多原本无法看到的历史资料和珍贵照片。

水乡邮差，原来是快递小哥的鼻祖

清光绪三十一年（1905）的早春，江南水乡邮差陈五通和往常一样，天刚蒙蒙亮就起床，开始了一天的邮政投递工作。

今天他要送的是重要官文。朝廷诏告废除科举制度，所有乡会试一律停止，各乡城都要设立小学堂，延续了1300多年的科举制度要废止了，上到官府下到百姓，议论纷纷，不知道如何应对。有些寒窗苦读多年的书生抱头痛哭，没有了求取功名的路子，也就没有了前途……

作为一个普通邮差，陈五通对这其中的事情也不太明白，管事的让他迅速把官文送到各地乡府。

出发之前，他照常来到厅堂，给厅堂供坛点燃一支香。供坛上方墙上挂着一幅画像，是他祖上陈达德。陈五通朝陈达德画像鞠躬揖拜后登程，这是他每天都要做的功课。

陈家是搞运输的世家，早在宋代就经营纲运。纲运是由官府管理，成批运送大宗货物的团队运输方式，主要用于运送粮食、食盐及其他物品。为了运送方便，将

水乡邮差　清代末年

若干船或车进行分组，一组称一纲，往往多"纲"编队统一运送，称为纲运。纲运始于唐，宋代最为兴旺。南宋时期，钱塘江上等待从闸口进入杭州内河装满货物的纲运船只，经常排成长队，江边满满的都是船，旌旗蔽日，桅樯林立，说不出的兴旺和繁华。他的祖上陈达德当年就经营纲运，做的是船队运输。陈达德极其聪明能干，既能揽活，对手下的员工又关照体贴，所以生意做得风生水起，最多的时候管理过 10 多纲船队，上百艘船。船队上北京，进上海，下广东，到开封，足迹遍及全国大部分水路。

纲运衰落以后，陈家便以经营漕运为生，沿着京杭大运河，用船队往京城运送粮食，一代接着一代从事运输产业。陈家的命运和大运河的兴衰是紧紧相连的。日子过得好不好，全看大运河的通航状况。到了清后期，黄淮水患不断，大运河水路拥堵严重，内河运输受到严重影响。清末的时候，很多航段行不了船。特别是清光绪年间（1875—1908），漕运完全废止，陈家运输业逐渐败落。陈五通从小在船上生活，文化程度不高，只能谋得一乡邮的差事维持生计，每天奔波各乡城投递邮件。

其实清朝末期，邮差的社会地位比较低微，工资报酬也不高，一般书香人家的子女都不愿意从事邮差职业。那时候需要递送或捎带信件的主要是官宦或书香人家，普通的平民百姓很少有人识字，无特殊情况也很少有人需要投寄信件。

江南水路发达，河道湖汊四通八达，邮差员的交通工具主要是船，平时都是乘客船、摆渡船，有时候为了赶时间也会搭货船。那个时代通信靠的是书信，"烽火连三月，家书抵万金"，所以陈五通经常被人翘首以待。他为人谦和，加上做事认真细致，方圆十里没有人不认识他。他为了准时投递邮件，尽职尽责，不辞辛苦奔波在山路、水路，他为人低调，所以人缘不错，走到哪里都会有人给他撑船。

春夏秋冬，踩着冰霜，踏着积雪，披着风雨，顶着烈日，陈五通都不离不弃地坚守岗位，他的职业水准常常被人称赞。

这一天，他来到渡口，渡船艄公告诉他，渡船维修去了，至少还要过一个时辰才能回来。为了及时投递信件，他不愿意等待，看到岸边有一只菱桶，便对艄公说："用菱桶送我吧，今天是急件。"

"好哇。"艄公马上去取菱桶。

菱桶是乡村用来采菱角的桶状小划船，因为小巧轻便，制作也很便宜，几乎家家户户都有，不仅男人会用，女人也用得很熟练。菱桶是水乡人家重要的交通工具，进城购物、走亲访友、送孩子上学都离不开菱桶。

陈五通坐上菱桶，艄公的儿子划桶为他摆渡。

一个蓝眼睛的外国摄影师正在渡口等候多时，见陈五通站在菱桶上，气宇轩昂，他倍感新鲜，拿起相机咔嚓咔嚓记录下这一个历史性的瞬间。

这一瞬间，不仅仅记录了清末民初水乡老百姓的生活和交通状况，也真实地展示了当时杭州市邮政业的发展状况。

清光绪四年（1878），天津开始试办邮政，国家首次收寄普通百姓的信件。当年7月，发行了清代海关试办邮政时期的第一套邮票——大龙邮票，这套邮票由天津发行，上海印刷。

到了清光绪二十二年（1896），光绪皇帝批准开办国家邮政，这一天即"奉旨成立"国家邮政的日子。

民国初年的水乡邮差，虽然仍然是原始的步行肩挑，但已经穿上了制服，开始了规范化的管理，对社会稳定和经济发展起着重要作用。

杭州是中国近代开办邮政较早的城市，清光绪二十一年（1895），杭州府开设送信官局，后来改名为大清邮政、杭州邮政总局等。辛亥革命后，"大清邮政"改为"中华邮政"，"杭州邮政总局"改称"浙江邮务管理局"。1949年后，改为"浙江邮电管理局"，1956年改为"杭州邮电局"。

民国初年穿上制服的邮差

素有"鱼米之乡""丝绸之府""文化之邦"美誉的杭州，物流快递行业发展得非常迅速，给人们的生活带来了极大的便利。一百多年以后的今天，杭州桐庐人创办了以申通、圆通、中通和韵达等"三通一达"为代表的物流快递产业，人们网上购物，杭州最早被列为"包邮区"之一，这充分表明杭州交通便利容易送达。因为这四家公司均由杭州桐庐人创办，所以桐庐有了"中国快递之乡"的美称。

物流链连着产业链、供应链，是经济循环的"大动脉"，快递作为连接生产和消费的重要纽带，是杭州经济高质量发展的重要因素。

回望百年奋斗之路，是因为我们的祖先筚路蓝缕开创了邮政业，才有了今天快递业的辉煌业绩。

"农村文化礼堂"，
凝聚乡土精气神

对于现代人而言，拍照片是再简单不过的事情了。拿出手机，对准镜头，咔嚓一下，立马完成。但在清光绪年间（1875—1908），拍一张集体照却是一件很奢侈的事。那时候杭城照相馆也是屈指可数，拍张全家福不仅要花时间赶赴照相馆，而且费用相当昂贵。要是请摄影师外出拍一张大合影照片，价格还要翻一倍。

杭州城郊某乡村族群聚会　佚名摄　1905 年

以上这张照片摄于清光绪三十一年（1905），是杭州郊外的一个村庄全村老少聚会的合影。从背景的建筑可以看出这个村落的文化根基，人们衣着整洁而端庄，精神状态很好，个个脸上露出了喜悦的表情。看样子好像是节庆典礼的聚会，或者就是元宵节、春节之类的节日。那时候杭州许多宗祠是祭拜先祖的"祠堂"，到了民国时期，它是传出琅琅读书声的"学堂"，如今，就是村民共建共享的"文化礼堂"。

自古以来，中国人就有浓浓的乡土情结，不论走到哪里，家是人们永久的归宿。这张集体照第二排最中间的是德高望重的张大爷，就是这个村的核心人物——族长。在古代，族长在一个村的同姓中有很高的威望和很大的权力，尤其在祭祀事务上，一般都由族长说了算。每逢重大节日或者开展一些活动，都是族长才有决定权，然后由他组织策划。张大爷就像现在的村支书和村主任的地位，一个乡村的老百姓都愿意听他召唤。而站在后排右面柱子边最高的一个穿中式服装的西方女士，就是当时来杭州的西方传教士，她是专门来传教的，被这个乡村的传统文化和淳朴的民风所感动，被乡亲们邀请一起合影留念。可见，在清末的杭州，就有农村文化礼堂的雏形了。有些大户人家做寿，有请戏班唱戏、办庙会、闹社火之类的活动，让全村百姓享受着文化的滋润。一些活动成了乡村老百姓的精神向往和心灵依托，杭州的先民早早就为后人留下了一份乡愁，一份家乡的情怀。

钱塘自古繁华，杭州自古以来就是富庶之地。一个有着"人间天堂"美誉的城市，老百姓不管有钱没钱，逢年过节都会举办一些活动，增强仪式感，除夕放一串鞭炮，也是一种传统习俗。在古代，爆竹是一种驱瘟逐邪的声响工具，除夕之夜，家家户户放鞭炮代表辞旧迎新，不仅增添了许多年味，还表达了人们对美好生活的向往。

杭州乡村过大年放鞭炮

对于经商人家还有另一番意义，在除夕之夜大放炮仗是
为了新的一年大发大利。

　　杭州历史悠久，至今已有两千余年的历史。早在秦
朝之时，杭州就被设为县治，著名的"钱塘"指的就是
当时的杭州，这是杭州第一次在历史上亮相。吴越时期，
杭州被定为国都，当时的国王钱镠手腕非常，在四处战
乱纷扰的情况下维持了整个吴越国长达数十年的安定平
和，基本避开了战争，让百姓得以休养生息。作为国都，
杭州开始慢慢对外展示出它的重要地位。

　　古代优秀的传统文化是我们民族精神的核心，是民
族的魂灵，是民族力量的源泉。许多优秀传统文化的发
展有着极为深刻的影响，一些乡土文化对传承儒家文化
起到了重要作用。

焚烧鸦片，有人欢呼有人哭泣

清道光二十年（1840），英国侵略者向古老封建的中国发动了一次侵略战争。由于这次战争是英国强行向中国倾销鸦片引起的，所以历史上叫作鸦片战争。鸦片战争以后，中国开始由独立的封建国家逐步变成半殖民地半封建的国家，中华民族开始了一百多年屈辱、苦难、探索、斗争的历程。

鸦片肆虐中国是中国历史上一段不可忽略的屈辱过往，无数人的家庭和生命因此走向终点。

"烟瘾一来人似狼，卖儿卖女不认娘。"这是晚清时期杭州城民间流传很广的一句话，说的是当时一些人家因受鸦片的影响，导致生活混乱不堪的凄惨现象。

晚清时期，吸食鸦片是一种交流方式。当时鸦片在民间的流行程度，是当今难以想象的。亲戚老友相聚，就到鸦片店叙旧，或边抽烟边谈生意。特别是比较富裕的大户人家，一般都备有鸦片烟枪等设备，朋友之间互邀抽鸦片，招待客人。

家住杭州凤山门附近一个叫赵阿根的纨绔子弟，整天游手好闲，不务正业，沉迷在鸦片馆中。他天天手中拿着一支烟杆，在一片烟雾缭绕中含着烟嘴，过着吞云吐雾的生活。刚开始的时候，他也只是跟风抽着玩玩，但次数多了，鸦片给他带来了巨大的快感，到后来他自己也知道吸食鸦片不对，只不过沦为鸦片奴隶的他，完全无法反抗了。他的父母欲哭无泪，眼看着家庭衰败下来，悲痛欲绝，束手无策。

现在世人皆知鸦片就是毒品的一种，能让人在短时间之内获得巨大的精神愉悦，但是随后而来的便是永无宁日的上瘾和堕落。晚清时期，沉沦于鸦片的人，个个形体瘦弱，精神萎靡，看起来没有一点人样。这些瘾君子烟瘾一上来，就会失去理智，变得如狼似虎一般，他们愿意做任何事换取鸦片。所以，吸食鸦片的男人面黄肌瘦，走路摇摇晃晃；而吸食鸦片的女人没有别的挣钱本事，只能任人摆布，换点钱再继续吸食鸦片。

当时吸食鸦片的基本工具有烟枪、烟灯和烟签。另外，鸦片也可以直接吞咽，但吞咽起效时间较晚，效果没有那么强，维持时间却比较长。

晚清政府有过很多次的禁烟行动，但是除了杀掉上瘾的人，他们找不到别的有效办法。很显然，杀头这种办法不可取，于是清政府打算釜底抽薪，转从根源上下手，具体措施为关闭烟馆、毁掉鸦片等。

清末的一天，清政府颁布法令，各省都要执行颁布的法令，即规定所有鸦片店停业，禁止种植土产罂粟，所有人都要放弃将鸦片作为奢侈品使用，并规定在短暂的宽限期之后，立即实施法令。杭州实施法令的当天，约八千支鸦片烟斗和灯具被烧毁，鸦片如鞭子飞扬，鼓声、号角响起，这座城市的人民不再吸食鸦片了。

杭州焚烧鸦片现场　甘博摄　1919 年

　　甘博拍的一张鸦片焚烧现场的照片，是杭州一处私人鸦片馆中的鸦片被查获，把鸦片摆在大街上公开示众并当即焚毁的场景，鸦片像炸开了锅一样，咕嘟咕嘟直冒泡，散发出一股股难闻的气味。大街小巷老百姓都赶过来围观鸦片销毁场面，个个大快人心，拍手称好；个个激动得跳啊，叫啊，欢呼声响彻杭州城上空。

　　但是，开鸦片馆的老板要破产了，还有瘾君子看到这么多的鸦片被销毁了，无不心疼不已。只有这两种人在哭泣，在长叹。

　　当时清政府制定的法令是："卖者死，食者亦死。"清政府声明：英国商人带来的鸦片，不单是祸害了自己，还连累了别人的性命，所以中国规定对鸦片贩子定以斩绞之罪，是在为民除害。这在一定程度上遏制了鸦片在中国大地肆意泛滥的现象，也唤起了不少中国百姓的爱国意识，让更多人认识到鸦片的可怕和危害性。

第六章

走在时代前沿的杭州摄影师

题记：

　　用影像表现传统文化的杭州早期照相馆，不仅记录了清末民初百姓的精神面貌和社会生活，还记录了中国近代史中重要的人物和事件，也承载着照相馆业和摄影艺术发展的重要脉络，为后人留下了丰富多彩的视觉文本。

杭州城第一家照相馆

　　清光绪年间（1875—1908）的某一天，杭州城梅花碑街一阵鞭炮鸣响，一幢新装修的临街房屋大门口挤满了人，门两侧摆满了鲜花。大门上方一块新牌匾上的红绸布被揭开，牌匾上"一寄照相楼"五个大字分外耀眼。

　　这一天，杭州一寄照相楼开张。这是杭州城的第一家照相馆。

　　照相楼的屋顶有一大片是白色透明的"明瓦"，和周围的黛瓦格格不入，引来了众多好奇的人来围观。一个操广东口音的中年男子进进出出忙乎着接待前来道贺和看热闹的人们。

　　这个广东人叫卢仲梁，是新开张的一寄照相楼的创始人和老板。

　　1839 年，摄影术发明正式公布后，照相馆业在西方发展迅速。1845 年，美国人乔治·韦斯特在香港开设了中国第一家商业照相馆。此后，陆续有外国摄影师到香港开办照相馆或从事摄影活动，这些外国摄影师传播着摄影技法，推动了香港摄影业的快速发展。后来有广东人在香港创办照相馆，成为中国本土照相馆的开端。这期间，有不少人特别是广东人到香港照相馆做学徒打工，时间一长，这些掌握了摄影技术的照相馆员工，成为中国本土最早的一批摄影师。

这些掌握了摄影技术的摄影师，又纷纷回到家乡如广州等城市开设照相馆。当时的广州，洋行多，洋人多，照相材料进口方便，使得照相业迅速发展。但因为竞争激烈，大多数照相馆不能久立。广东人能吃苦耐劳，创业能力强，于是他们就像火种一样，纷纷携器材向内陆城市扩散，先后在上海、武汉、福州、北京、天津等地开设照相馆，到19世纪70年代，已经在国内大城市掀起了兴办照相馆的热潮。

和其他广东人士一样，卢仲梁特别能够吃苦耐劳，又天资聪明，好交朋友。他开始在香港的一家照相馆当学徒，勤勉工作几年后，他掌握了摄影技术，也学会了照相馆的经营管理。后来他辞职回到广州，在广州开了一家小照相馆。几年后，和他一起学摄影的人大多到内

照相机

陆城市开照相馆，他也不甘寂寞。这一天，他和好朋友吕开法商量一起到内陆城市合办照相馆。

吕开法原是一家药房的老板，后来兼营摄影器材。他天生喜欢和药水打交道，很快迷上了暗房冲晒，常常通宵达旦在暗房冲印，制作出的照片也高人一筹。

卢仲梁认为杭州是旅游城市、人间天堂，目前还没有照相馆，可以考虑在杭州开一家照相馆，两人想法一致，一拍即合。于是他们来杭州考察。看到杭州自然环境优美，人文底蕴深厚，老百姓大都穿着绸缎衣服，生活富裕，而且还没有一家照相馆。于是他们迅速拍板在杭州开办照相馆，当即在梅花碑租到了房子并安排装修。卢仲梁把广州的照相馆关闭，吕开法把药店交给家人打理，两人全身心投入杭州照相馆的筹建上，没过多久，照相馆就开张营业了。

因为当时没有电，拍照片只能靠"天光"——自然光。于是他们从广州运来大量透明的"明瓦"，盖在房顶，以增大透光量，便于拍照用光。独特的屋顶也吸引了不少人的目光。

卢仲梁、吕开法两人搭档密切合作，一个拍照技术强，一个暗房水平高，一个对外联络活跃，一个对内经营有方，照相馆起步很顺利。

当时的杭州，除了几个外国摄影师、游客和传教士来拍过照片外，杭州人普遍不知道摄影为何物，而且对摄影这个新"玩艺"还心存疑虑。

鲁迅先生在《论照相之类》一文这样描述当时老百姓对照相的认知："照相似乎是妖术。咸丰年间，或一省

杭州风韵 HANG ZHOU

里，还有因为能照相而家产被乡下人捣毁的事情。"按照传统民间禁忌，人的影像就是人的魂魄，人的影像被照相机拍去，就等于人的灵魂被吸了去。老百姓有这影像禁忌，自然不会主动去照相馆拍照了。

这一点，卢仲梁早有办法。他联系了一些开明的政府官员、戏剧影星、女艺人，还有教会学校的学生，免费为他们拍照，再把照片放大挂在墙上做广告，起到了很好的示范作用。

作为杭州的第一家照相馆，除了做生意外，还要花更大力气做观念和消费引导，以让更多的人来照相馆拍照。

他们特别注重提高照相技术，从光线运用、道具背景、人物姿态、表情抓拍、衬版制作等方面，在模仿西方摄影造型的同时，把中国人所认同的庄重、内敛、隐逸等精神追求融入照片的拍摄和制作过程，拍摄出来的照片精美而富有内涵，深得顾客的喜爱。

后来吕开发患疾返回广州，卢仲梁独立经营照相馆。他在杭州聘请了不少人来当学徒打工，客观上为后来杭州照相馆业培养了大批人才。卢仲梁以良好的经营，让一寄照相楼在杭州独领风骚，一家独当近十年，直到光绪十九年（1893），杭州才有第二家照相馆——留春园照相馆。

到宣统三年（1911），一寄照相楼的业绩越来越好。于是，他们决定在焦棋杆玉壶春花园开设分馆，并于七月二十六日在《浙江白话报》刊登广告：

　　本楼向设西湖廿余年，所拍照片久邀各界欢迎。

杭 州 风 韵 **HANG ZHOU**

一寄照相楼
作品 1915
年左右 纪
元收藏

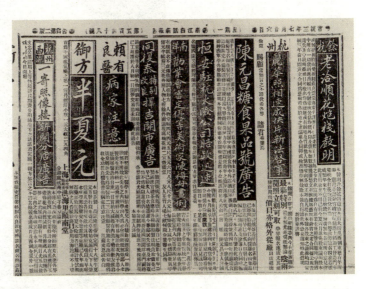

一寄照相楼广告 宣统三年（1911）七月二十六日《浙江白话报》

兹因扩充营业，特设分店在焦棋杆玉壶春花园内，暂减价……八折以酬各界，请君雅顾。并办有新发明日光放大像器，放出之像清晰异常，永不退色。又觅得苏文忠公墨迹，用上等快镜摄成，点画分明，丝毫不爽。请诸君驾临一观，方知言之不谬……速成片及西湖全景片一应俱全……于今日开照。

广告说一寄照相楼已经创办 20 余年，因扩充业务，要在焦棋杆的玉壶春花园设立分店，八折优惠。还有苏东坡墨迹照片和西湖全景照片出售，等等。

杭州作为旅游城市，在景点拍摄实景旅游照片的需求也越来越大。一寄照相楼为适应旅游发展的需求，又在孤山西泠印社设置了照相点，随时为旅客提供摄影服

一寄照相楼西泠印社
服务点拍摄的照片
民国初年

务，进一步拓展了业务。

然而，此后的几年里，杭州照相馆越来越多。以"二我轩"为代表的本土照相馆以其地缘优势和后发优势，逐渐超越一寄照相楼取得领先地位，引领杭州照相馆业进入一个新的发展阶段。

有资料记载，光绪十九年（1893）留春园照相馆创办，光绪二十二年（1896）二我轩照相馆创办，光绪二十三年（1897）宝记、月镜轩、英华照相馆创办，到1911年10月辛亥革命至中华民国成立，杭州共有17家照相馆，到1931年杭州已有35家照相馆。

一寄照相楼为杭州摄影业做出的贡献应该载入史册。在照相还不为人们所普遍接受的时候，一寄照相楼在杭州开拓前行，为杭州培育了大批摄影人才，成为杭州本土摄影的先驱。

小摄影走上大舞台

　　清宣统元年（1909）十一月，冬季的杭州格外寒冷。涌金门外二我轩照相馆二楼却热气腾腾。地面、桌面铺满了几百张照片小样。照相馆老板余寅初和伙计们正在挑选照片参加南洋劝业会的展览。大家纷纷发表看法，甚至出现争议，气氛和谐而热烈。

　　年初，刚继位的宣统皇帝诏告天下，要于次年六月在江宁（今南京）举办第一次南洋劝业会，以推动"振兴实业"，促进工商业发展。

　　二我轩照相馆老板余寅初敏锐地察觉这是一次难得的展示摄影产业的机会。在余寅初看来，摄影本身就是科技发展的产物，本来就是工商业的一部分，在文化产业和旅游业的发展中具有独特的作用。于是，从年初开始，他带着助手，扛着笨重的照相机，拍遍了杭州西湖的山山水水，他希望能够在劝业会上崭露头角，用照片展现西湖的美丽，展示摄影的魅力。

　　二我轩照相馆由余寅初父亲于清光绪二十二年（1896）创办，是杭州创办的首批照相馆之一。

"二我"是指"现实中的我和照片中的我"。

余寅初从小就对摄影很感兴趣，跟着父亲学习照相和暗房制作，非常痴迷，很快就掌握了摄影的基本技法。他在创作上也很"新锐"，有自己的见解。父亲擅长拍室内人像，说拍人像能赚钱。余寅初却喜欢拍风光照片，说风光照片可以批量制作，销售量会更大。俗话说，"打虎亲兄弟，上阵父子兵"。父子俩密切协作，很快就打下了一片天地，也赚了不少钱。开明的父亲欣赏儿子的聪明和远见，把照相馆全权交给余寅初打理。

年轻的余老板也没有辜负父亲的期望，他接手后，在照相馆的经营上下足了功夫。光绪三十三年（1907），他在涌金门外西湖码头置地建设新照相馆。这是一个黄金地段，游客们游完西湖下船，就可以看到照相馆，顺路进去便可拍张照片或者买张西湖的风光照片作为纪念。余寅初深知广告宣传的作用，在《杭州白话报》《危言报》连续刊登广告。其中，《杭州白话报》光绪三十三年九月初十（1907年10月16日）报纸广告云：

> 西湖二我轩依据光学新筑洋房精究照相广告——本馆于浙外西湖之滨，本主人深究一切照相，盛蒙官绅士商学校工场久已垂青宝鉴，今复新筑室以备高人名士观展。

同时，余寅初花高价在店里安装了电话，当时杭城仅有百台有线电话，二我轩照相馆的电话号码为"92"，以方便联系业务。

余寅初为进一步扩大影响，花巨资从日本请摄影师永野来照相馆拍摄，并在当时的《杭州白话报》刊登广告"西湖二我轩照相馆特请日本超等名师永野君到杭声明"：

> 本轩开设西湖历有多年，向蒙仕商学界诸君称羡久已，名著远近。上年新筑洁室，特别改良装饰，尤为精美。本轩不惜巨资，特请日本名师现已抵杭。购办欧洲新到各等照相纸料，真真白金名纸、上等溴纸及一切时样镜框摆俱已全备。所拍之照格外考究，精益求精。各式照片以及放大与外洋无异然。鄙人实事求是，非敢矜夸。如蒙仕商赐顾请屈驾一试便知。真伪恐未周知，特此布闻。本主人告白电话第九十二号。

这则广告从光绪三十四年正月廿二（1908年2月23日）登至十二月初五（12月27日），一登便是将近一年，使二我轩照相馆声名大振，知名度迅速提高。

余寅初很会精打细算。当时杭城流行戴眼镜，不少人是为了附庸风雅或追求时髦。这时杭城眼镜大多从上海发货，满足不了人们众多的选择。余寅初看到了其中的商机，他把照相馆一楼的空间挤出来，用来销售眼镜架，并在报上刊登广告"涌金门西湖码头二我轩照相馆兼售镜架"：

> 本馆照相开设以来久已，远近驰名。去年不惜巨资特别改良。蒙绅商军学界欣赏，靡不接踵而来。然照相既已精美，欲装时样各色镜架，然我杭地所未备。贵客意欲装配，必须由申购办。而时样镜架亦未能选择，甚为不便。本主人有鉴于此，特运泰西各国名厂、各种异样新奇花案金木镜架，欧美山水花卉名胜景图及五彩山水翎毛绒画，一应俱全，定价格外相宜，且尺寸之大小、花样之奇异，随时可以选定，决不迟延时日，甚为妥便。如蒙赐顾，

"西湖二我轩照相馆
特请日本超等名师永
野君到杭声明"广告

"涌金门西湖码头
二我轩照相馆兼售
镜架"广告

请认明涌金门外西湖码头本馆便是。

时尚的眼镜吸引了不少人气，收到意想不到的收益。原本就比较好的照相馆生意，销售眼镜架成了新的增长点。

余寅初眼光独特，善于把握机会。这一次南洋劝业会，他认为又是一次难得的机会。他觉得参加国家层面的展览，作品要有分量，能展示西湖的历史文化、自然风光；要有体量，全方位、多角度、多层面地展现；要有质量，选点精心、拍摄精细、制作精良，是一个艺术品。

根据这个思路，大家商议，在前期大量创作的几百幅作品中，精选48幅，制作一本西湖风光的照片册，取名《西湖各景》。他请历史学和文学专家来做文案，请名木匠用红木做盒子，用最好的照片、最简练的文字、最精美的装帧，制作成艺术精品，送到劝业会会务组。

清宣统二年（1910），南洋劝业会在江宁（今南京）隆重举行，共展出展品100余万件，《西湖各景》一举获得了农工商部颁发的金牌和都察院副都察御史颁发的奖状。

二我轩照相馆和西湖风景惊艳全国，相片册也畅销国内外，成为热门的旅游产品。

余寅初用一本摄影"手工书"创造了二我轩的辉煌！

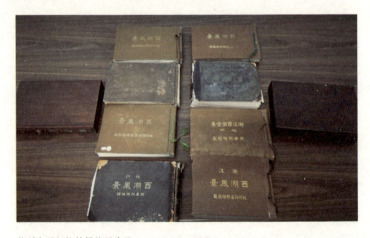

杭州各照相馆拍摄的照片册

杭州其余较大规模的照相馆纷纷效仿，出品西湖风光相片册，在西湖各景点销售，成了景点的一道风景线。买一本相片册，可以让家人、朋友全方位地了解杭州。

这对当时全国仍然以室内人像拍照为主体的照相馆来说，是一种新的气象。风光摄影的商业价值和艺术价值受到人们关注，客观上引发了人们对风光摄影艺术探索的热潮，并在杭州首次形成风光摄影师群体，对中国照相馆及摄影业发展产生重要影响，成为中国摄影史上的一道景观。

1915 年，余寅初将《西湖各景》内容作了部分调整后，送往美国参加巴拿马万国博览会，又获得了金奖。美丽西湖通过摄影艺术走出了国门。

二我轩再次声名大振。

二我轩《西湖各景》获巴拿马万国博览会优等金牌奖奖状

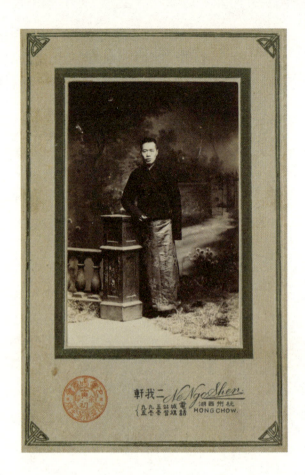

二我轩照相
馆照片 民
国初年

如今，《西湖各景》画册成为国内外图书馆、博物馆等机构和藏家竞相收藏的艺术精品。

余寅初并没有被成功冲昏头脑，他借着获奖的机会，顺势作为，推动二我轩照相馆达到一个新的高度。

他迅速拓展风光照片销售市场。杭州底蕴深厚，风光优美。余寅初将大批量制作的西湖风光相片册置于西湖各景区销售，并把获奖证书印在照片册的扉页，照片册大受欢迎。他为了满足不同需要，还大量发行西湖风光明信片和散页照片售卖，销售量大大出乎意料。

人靠衣装马靠鞍。余寅初在照片的装裱装饰上也煞费苦心，他常常到外国订制各种衬板，衬板设计精美而有个性，有的烫金字印刷，加盖上他大气的私章，提高了照片的档次和品位，又宣传了照相馆。据初步统计，二我轩照片使用的衬板样式近 20 种，盖有"余寅初印"标识的也达到了半数。精致的装裱装饰提升了二我轩照相馆的竞争力。

生意做顺了就要想着开疆拓土，扩大规模。当时杭州城内有旗人居住的"内城"，都是达官贵人和清军人员居住，俗称"旗营"。他打通了旗人陈楚清的关系，在西湖柳岸堤畔开设旗营分店。杭州城站建好以后，又在城站新建分店。后来又将店面设在新市场花市路、教仁街。此外，还在吴山、三潭印月、西湖公园等地设置景区分店，后来还在南京、宁波、重庆等城市开设分店，可见当年二我轩的实力和规模。

二我轩照相馆店面设计专业、装饰时尚。虽然也是白墙黛瓦，但非常新潮。"二我轩照相"五个大字写在房檐下，照相楼成了一个户外广告。人们抬头就能看到照相馆标志，顺便就可以去拍张照片。二楼的摄影棚设计非常考究，整排的玻璃门可以折叠移动，屋顶很多地方用的是透明玻璃瓦。在没有电灯靠自然光拍照的年代，这种设计增加了室内透光量，便于合理用光，非常现代和专业。但余寅初还是不满足这种自然光的拍摄，他及时从西方引进先进的光电设备，运用现代布光技术，气球一捏，咔嚓就是一张照片，更加清晰通透，深受顾客喜爱。这也是杭州照相馆业首次引进光电技术，二我轩再一次引领了杭州照相馆的风尚。

徐寅初以他特有的经营理念和管理模式，为杭州照相馆行业设立了一个范例和样板。有些理念，即使在百

杭州二我轩照相馆　清末民初

年后的今天都不过时。

　　1911 年 10 月 10 日，武昌起义爆发。消息传到杭州，革命党人精神大振。10 月 13 日至 15 日，光复会杭州负责人王文庆分别在西湖白云庵、凤林寺、城站二我轩照相馆楼上秘密召开新军中的光复会员会议，谋划杭州起义。

　　这是一次高度机密的会议。余寅初把其他伙计安排到外景点去拍摄，自己和另一个信得过的店员在一楼值守，一旦出现意外情况立即拉响设在二楼的铃铛，参会人员迅速摆成拍合影相片的状态以回避检查。

　　会议开了整整一天，余寅初都在高度紧张中度过。

　　城站二我轩照相馆成了杭州武装起义的策源地之一。

11 月 3 日晚，杭州发动武装起义，城外起义新军和城内人员里应外合，夺取了杭州城，5 日杭州光复，翻开了新的历史篇章。

因为战乱等历史原因，目前无法查证余寅初是否是光复会成员，是否参加过国民革命，但他和当时光复会成员的交往、与国民革命千丝万缕的联系却是有据可查的。当时维新派先锋谭嗣同、光复会成员秋瑾、革命家鲁迅等一大批精英均曾在二我轩留下过历史影像。民国十五年（1926）8 月 29 日《图画时报》刊登的吴佩孚肖像下便有注明"二我轩徐果禅摄"，徐果禅曾是二我轩的画师、摄影师，后来到上海成了月份牌广告画家。据余寅初的孙女余贞廉回忆，清末光复会成员常常光顾二我轩，她在账簿上亲眼见到过陶成章和秋瑾等人的姓名。

1912 年 12 月 9 日，孙中山先生来到杭州，凭吊秋瑾墓之后，孙中山一行来到二我轩照相馆，拍摄了一张着西装的全身照。

鲁迅在二我轩留影　1909 年

这应该是孙中山对二我轩支持革命的肯定。

后来二我轩专门将孙中山照片放大成等身大小，陈设在店里。杭州城要开大会，这张照片常常被借去置于会堂主席台。

一个照相馆发展的历史，也是一个时代发展的历史。

湖山入画，
杭州照相师傅"玩"的是艺术

　　清光绪三十四年（1908），秋色宜人，阳光明媚，多彩的树叶在阳光下格外鲜艳，把西湖打扮得格外美丽。这一天，杭州活佛照相馆老板徐仲甫带着徒弟，行走在西湖孤山的小道上。活佛照相馆要扩大规模，他们想找个新的店面开设分馆。

　　1900年世纪交替之际，国内外环境风云变幻，国家积贫积弱，八国联军打进北京烧杀抢掠，百姓生灵涂炭。而此时的杭州却是另一番景象。经过近四十年的休养生息，清军与太平天国战火的创伤逐渐愈合，鱼米之乡的水土让老百姓生活逐步恢复活力。这期间在杭州发生了多起对后世有影响的重大事件。公元1897年，求是书院（浙江大学前身）正式开学，近代教育在杭州开始起步。光绪二十四年（1898），林启开设蚕学馆，成为我国最早的蚕桑学校，开启职业教育先河，为纺织业兴旺发展培养人才。光绪三十年（1904），丁辅之等人在孤山创办西泠印社，文学艺术越来越受到关注，成为滋润人们心田的重要媒介。光绪三十三年（1907），沪杭铁路通车，铁路带来的是近代文明和经济、文化、科技、旅游的迅猛发展。钱塘自古繁华。杭州一派欣欣向荣的景象。

徐仲甫的心情十分轻松。他在水亭址开设的活佛照相馆虽然开业时间不太长，尽管还有一寄、留春园、二我轩、宝记、月镜轩和英华照相馆等几家创办时间比较长的照相馆，但他走的是精品路线，靠着拍摄技术、制作质量和服务水平的精益求精赢得了口碑，照相馆生意兴隆，是时候要找地点扩大规模了。

在这里他们看到几个画家在写生。仔细一看，却让他们眼睛发亮，原来是西泠印社的丁辅之、王福庵在陪同吴昌硕和几个画家写生。他们一边交流一边创作，西湖风光让他们陶醉，湖光山色成为画中美景。

丁辅之和徐仲甫年龄相仿，两人几年以前就认识，互相打招呼后就一起欣赏吴昌硕等人画画。

这时，英华照相馆的老板胡庭芳带着徒弟扛着照相机三脚架，陪同两位穿着长袍似乎刚从国外留洋回来的青年人来拍照。

胡庭芳老板见多识广，和吴昌硕、丁辅之早就相互认识，和徐仲甫也很熟悉，虽然同行如冤家，但各自的侧重点不一样，所以彼此的联系还比较密切。彼此寒暄之后，大家自然聊到摄影和美术的关系。

胡庭芳说："别的地方照相馆大多以室内布景拍摄。在杭州的游客喜欢西湖风景，更希望在景区实景拍照，景区分店的业务比城区总店要好。"

王福庵一边画画一边说："把绘画元素加入摄影之中，让西湖山水和人一起入画，人景合一，定是一幅好的照相画。"

杭 州 风 韵 **HANG ZHOU**

活佛照相馆　佚名摄　清末民初

英华照相馆　佚名摄　清末民初

203

　　吴昌硕说："杭州风光美，文化底蕴厚，自然风光和人文景观自然是最好的摄影背景。摄影师如果借鉴绘画的风格，拍出艺术性强的照片，一定会受到欢迎。"

　　丁辅之说："照相和画画是一对姐妹。画画用毛笔作画，照相是用相机作画，呈现在画面上是一致的。"

　　王福庵点点头说："要追求画面的协调和节奏，产生美感。"

　　胡庭芳说："湖山入画、人景相融，应该成为西湖实景拍照的风格。"

　　吴昌硕点头表示赞同："照相和画画在画面呈现上有相同之处。西湖风光摄影可以作些探讨。"

　　言者无意，听者有心。一旁的丁辅之若有所思地说："今后西泠印社拍照要加入美术的元素，产生更多美感。"

　　吴昌硕说："画家是可以作些尝试。"

　　胡庭芳、徐仲甫也连连点头称是。

　　徐仲甫相对年轻，不好意思插话太多。但在他以后的创作之中，影像的艺术性成了他一直追求的目标，也使他能够经营活佛照相馆近五十年，使活佛照相馆成为杭州的一代名馆。

　　看到两位穿长袍来拍照的年轻人，胡庭芳请吴昌硕当"导演"，指导站位和构图。吴昌硕安排两人一上一下、一站一坐，背后是茂密的树林，一束阳光照在左下的空地上，画面协调，犹如一幅山水画。一张与众不同、

两男子合影 英华照相馆摄 韩一飞收藏

西湖畔的合影 我也照相馆摄 民国初年 韩一飞收藏

颇有艺术性的旅游纪念照诞生了。

　　"实景拍摄、湖山入画、人景相融"从此成为英华照相馆拍摄西湖旅游纪念照的追求目标，也使英华照相馆旅游纪念照大受欢迎。从此，英华照相馆把景点实景拍摄作为主打产品，在重要的景点设立分店，先开设了

"实景拍摄、湖山入画、人景相融"也得到其他照相馆师傅的赞成和认同，成为拍摄西湖风景旅游照的重要参照，产生了大量优秀的风光艺术摄影作品。

有一张照片，可以让我们看到一个故事。民国初年的一天，一个大家庭的女眷们在西泠印社游玩。当她们行走到闲泉前，一个中年女子一边走一边给大家绘声绘色地讲述着小龙泓洞、缶龛、规印崖的故事，几个小孩不停地提问，大人们都是热心地解答。

看来这是一个书香之家，不仅对书画熟悉，对西泠印社也很熟悉。在一旁设摊的庐山照相馆的师傅不失时机地走上前说："太太，一家人在这里合个影吧。你们是书香人家，在这里合影最合适。我们拍的照片很讲究品位。"

中年女子答应了，招呼大家一起来合影。

照相馆的师傅立马忙碌起来，安排大家错落有致地排好，或站或坐，或远或近，每一个人都有自己的姿势，然后手里一捏，咔嚓一声，拍摄完成。

几天后，相片寄到了家里。一张充满艺术性的照片展现在大家面前。这是一张近乎完美的照片，景在画中，人在画中，情景交融，整张照片犹如一幅美丽的画卷。

西湖美景促就了景区摄影师的这种追求艺术性的创作方法。无形之中，在杭州形成以照相馆为主体的艺术摄影师群体，他们在追求作品商业价值的同时，不断追

闲泉前的合影　庐山照相馆摄　民国初年　张结收藏

求艺术价值，逐渐形成"景观旅游艺术摄影"的特色和风格，这种状况在其他城市摄影中并不多见，对后世影响很大，也促进了旅游业和摄影馆业的发展。

　　无独有偶。在西泠印社成立的十周年，八九十位早期社员从世界各地齐聚西泠印社。在一系列交流、雅聚之后，大家来到柏堂前拍一张合影照。丁辅之还记得几年前吴昌硕先生说过，要在相片中加入更多绘画元素，让照片更有艺术性。于是，在做了一番交代以后，摄影师按照他们的要求来拍合影。近百人的合影，排列错落有致，或站或坐，或疏或密，或前或后，画面有厚重有留白，犹如一幅国画长卷，成为经典。

　　这是西泠印社比较典型的探索国画韵味的艺术摄影，也是一批书画家摄影师对绘画艺术和摄影艺术关系的探讨。

西泠印社"兰亭纪念会"社员合影　佚名摄　民国初年

西泠印社早期社员山顶平台合影　佚名摄　民国初年

早期西泠印社创始人合影　佚名摄　民国初年

李鸿章之侄孙李国澄（左二）一家在题襟馆前合影　佚名摄　民国初年

　　早期西泠印社创始人合影，无论是构图、用光还是人物之间的关系都堪称经典。

　　在 20 世纪初期，以部分西泠印社社员为代表的书画家摄影师群体，他们不排斥摄影，而是积极探索绘画与摄影艺术的交汇融合。他们把镜头作为画笔在恣意创作，丹青和镜头都是他们手中的工具，无论是拍摄几十、上百人的大合影，还是拍摄人文、风光，他们都赋予作品较强的艺术性。可以说，他们也是中国艺术摄影的探索者和重要先驱，对后世产生重要影响。

自 2009 年起，西泠印社的王佩智先生、邓京女士联合陆续出版了《西泠印社老照片》《西泠印社老照片续集》《西泠印社老照片再续》三本书，除用图片展现西泠印社的发展历程外，还收录了一些书画家拍的摄影作品，从中可以看出书画家对艺术摄影的探讨，是书画家摄影师对摄影艺术探索的集中体现。

起源于杭州照相馆的
月份牌擦笔水彩画

　　1917 年一个初秋的下午，杭州西湖在阳光沐浴下，绚丽多彩，景色宜人。一条小船在西湖上游荡。船上坐着四个人，靠船尾座位上坐着二我轩照相馆老板余寅初和在上海红得发紫的月份牌画家郑曼陀，靠船头座位坐着他们两位的夫人。郑曼陀曾经是二我轩照相馆的画师，创业期间大家一起打拼，彼此感情深厚。

　　郑曼陀和夫人都是杭州人，家里老人在，他们在上海再忙，每年也要回家看一看。余寅初知道他们回杭州，便请他们夫妇一起叙叙旧，逛逛西湖。这次又有两年没有见面，两位夫人自然少不了亲亲热热，聊着一些有趣的事儿。

　　此时的余寅初踌躇满志，二我轩照相馆正处在兴旺发展期。前不久照相馆拍摄的照片册《西湖各景》在美国巴拿马万国博览会获得金奖，让二我轩再次名声大振。照相馆总部搬到了城站，又在新市场、教仁街设立了分店，在吴山、三潭印月、西湖公园等景点增设了拍摄点，还正在考虑到南京、宁波设分店。

　　郑曼陀也是信心满满。他创立的月份牌擦笔水彩画

郑曼陀像 摄于上海

在上海滩打开了局面，每天向他订画的人络绎不绝，订单都排到三年以后了。但他心中对二我轩、对余寅初充满了感激。没有二我轩照相馆那几年的历练，没有余寅初放手让他去探索，也就难以创立现在流行的月份牌画，也没有他郑曼陀的今天。

郑曼陀于清光绪十四年（1888）在杭州出生，由原籍安徽歙县的养父抚养成人。郑曼陀从小眼睛有疾，但他偏偏喜欢绘画，自然天赋加勤学苦练，14岁就能作人像写真画。他的养父家境较好，非常喜欢郑曼陀的才气，把他送到杭州育英书院学习英文，这个时期他接触了大量西方绘画知识，良好的英文也为他学习理解西方绘画艺术提供了方便。

后来，他养父又让他拜师钱申甫学人物画。就是在这时期，他接触了炭粉擦笔画。炭粉擦笔画起源于上海，是以炭精粉为原料，使用羊毫笔和纸卷、药棉、橡皮等工具，将肖像摄影、西洋画与传统中国人物画糅合在一起，用来画肖像、寿像或遗像。南方有的家庭甚至把长辈的肖像烧烤在陶瓷上，制作成瓷像置于家中。郑曼陀对炭粉擦笔画有浓厚的兴趣，其对表现明暗、层次变化等方面的技法掌握得很好，深得先生的喜爱。

正当郑曼陀准备在绘画上深入学习的时候，家里出现变故，养父病亡，家境败落，郑曼陀不得不辍学。

一则二我轩照相馆聘请修照片画师的广告让他见到了余寅初。余寅初热情接待他，看了他画的炭粉擦笔画，当即同意聘用他，让他承担底片修整、照片修版和画人像等工作。

涌金门外沿湖路人来人往，湖面上徐徐吹来的微风让郑曼陀感受到清香和丝丝甜意，放眼西湖让他心旷神怡。

郑曼陀在二我轩如鱼得水，他言语不多，每天都是修照片、画人像。尤其是他画的人像神情兼备，目光有神，更受欢迎，很快就远近闻名。一些家境富裕的老人来到二我轩，他们不是来拍照，而是来让郑曼陀画像。有的老人对照相心有顾忌，传说照相会吸走人的魂魄，但画像让他们感到新奇和兴奋。

人像画成了二我轩照相馆的又一重要产品，这是余寅初以前不曾想过的。用好一个人，活跃一大片。这让他感受到人才的重要性，对郑曼陀也更加器重。

一天，一位衣着华丽的贵妇人来二我轩取照片。制作精致的照片她非常满意，但她希望有一张更大的彩色人像。

看到旁边正在画画、戴着深度眼镜的郑曼陀，她便说道：“师傅可否给我画一张彩色的人像画？要大一点的。”

郑曼陀沉吟了一会说道：“可以试一下。三天后你来取，画得不好不要钱。”

郑曼陀对炭粉擦笔画人像是有把握的，近期他对炭粉画和水彩的应用也作了一些尝试。但真正用在商业上为人画像，他自己也没有把握，但他觉得可以试一试，“画得不好不收钱”也是为自己留条后路。

看着诚恳的郑曼陀，贵妇人道：“画得满意我给双倍价钱。”

郑曼陀用整整三天时间为她画画。他以照片为参照，精确地描绘出人像轮廓，然后用画笔蘸上炭精粉画头脸五官形貌，以擦抹来表现明暗和凹凸，增强立体感与纵深感，形成了人像的效果。在这基础上，再用轻薄水彩颜料上色，由浅至深，根据擦出的底色按照明暗层层渲染，突出自然光照下的立体感以及肌肤的柔和质感，最后再调整加工润色，完成整幅图画。

这是郑曼陀第一次用擦笔水彩画为顾客画彩色照，效果比他自己想象的要好很多，他感到非常满意。余寅初看后也倍加赞赏。

三天后，贵妇人再次来到照相馆。当她看到自己的人像画时，“呀”一声惊呆了。画中人华贵艳丽，面部立体感强，色彩淡雅宜人，肌肤细腻柔和，实在太美丽了！

这个贵妇人是杭州一高官的太太。她把这幅画挂在家中，到他们家串门拜访的人无不称赞。

很快，来二我轩找郑曼陀画彩色人像画的人接连不断。

为了更加方便郑曼陀画画，余寅初在二我轩照相馆为他设立画室，专门承接人像画。他把从老师那里学来的传统人物技法与从书本中学来的水彩技法结合起来，逐渐形成了一种独特的绘画方法——擦笔水彩画法。

杭州二我轩照相馆成了擦笔水彩画的诞生地。

郑曼陀是一个胸有大志的人。他觉得杭州地方太小，难以施展自己的才能，于是，他默默下定决心，要去闻名世界的大上海发展。

郑曼陀向余寅初提出了自己的想法。尽管余寅初舍不得，但还是支持他去闯一闯，并给了一些费用。

1913年，郑曼陀来到上海。"十里洋场"让他兴奋不已，怀揣梦想的他充满希望。

他在上海租了一间房子，安顿好自己的生活后，就到处考察。他觉得画画是他的专长，他还得从画画入手找到自己的出路。

看到街上满是时髦女郎，他想："何不画几张美女看看能不能卖得出去？"

于是，郑曼陀回到房间，用他掌握的独门绝技擦笔水彩画法，画了四幅时装美女。他带着自己的画来到上海著名的游乐场所——张园，把画挂在墙上销售。

色彩艳丽的美女画引来了围观。来来往往的人很多停下了脚步，清新的画风和美丽的女郎吸引了人们的眼球。有的人瞟了一眼就走了，有的人停下来细细欣赏。熙熙攘攘的人群中，一位衣着华贵老板模样的人在他的四张画前面停下脚步，虽然这个顾客从没听说过郑曼陀这个名字，但这些画却引起了他的浓厚兴趣。他双眼放光地端详四幅画，郑曼陀也充满希望地看着他。

"我全部买下了！"那人豪气爽快地说。

"好眼光！好眼光！"郑曼陀喜出望外。

郑曼陀后来才知道，这位买他画的顾客是上海知名大商人黄楚九，后来他创办了上海大世界娱乐场。

黄楚九买下四幅美女画，挂在他的中法药房做广告，吸引了众多上海大佬的眼球。

一天，上海审美书馆老板高剑父到黄楚九的大药房走访，一眼看中挂在墙上的四幅画，便和黄楚九一起聊起了广告画。

审美书馆在 1913 年创办于上海棋盘街，引进五彩石版、五色玻璃版、铜版等最先进的印刷技术，追求高端印刷，为外国厂商印制了大量产品广告画。

20 世纪初，上海已是中国最大的通商口岸，国外商品大量进口的同时，也输入了大量洋味十足的广告宣传品，然而这些随商品附上的广告宣传品，虽然制作精美，但对中国消费者来说仍然很陌生，所以倍受冷遇，达不到预期的宣传效果。

郑曼陀的画让高剑父看到其中的商机。他觉得，要让大众喜欢广告画，可以在广告画中，以时髦女郎、神话传说等为主来吸引眼球，套用传统木版年画、历画等形式，增强实用价值，然后植入产品信息，一定会大受欢迎。

黄楚九一听，击掌称好。他说："我看那个画师不错。多用些他画的美女，加上产品广告，再在四周印上十二个月份和节气，这就是月份牌广告画嘛。"

两人一拍即合。

"走，我们去找那个画师。"黄楚九说干就干。

来到张园，看到郑曼陀正坐在他卖画的摊位上，墙上又挂了好几张美女画。

高剑父是岭南画派的重要人物，郑曼陀早有耳闻，听完黄楚九的介绍，自然十分高兴。

高剑父看到其中一张《晚装图》，十分喜欢。

"先生的画是否愿意用来大量印制成月份牌？"高剑父快言快语，把想法给郑曼陀说了一遍。

郑曼陀满心喜欢："不妨试试，看看是否有销路。"

高剑父觉得也有道理。

"这几幅画如有满意的请随便使用。"郑曼陀指着

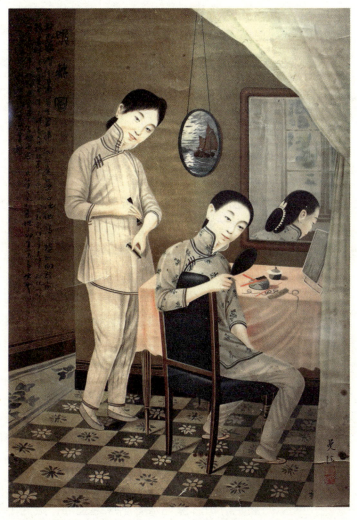

《晚装图》 郑曼陀作 1914 年

墙上挂的画，很大气地说。

高剑父说："我选《晚装图》，可否在上面提几个字？"

高剑父题字也是非常难得的。

郑曼陀十分高兴，连忙说："荣幸之至！荣幸之至！"

黄楚九也连喊："珠联璧合！珠联璧合！"

1914年，上海审美书馆出版了配有郑曼陀《晚装图》的第一张月份牌广告画，配有高剑父的题诗。

《晚装图》一发行，立即引起抢购，一版再版，还供不应求。

他们没有想到，《晚装图》的发行，开启了上海月份牌擦笔水彩画的时代，在中国近代美术史上具有标志性意义。

此后，郑曼陀先后为审美书馆绘制了《时装爱情画》《曼陀绘美人》《暖香阁》《春思图》等系列画作，审美书馆也因此获得良好的经济、社会效益，为高剑父和他兄弟高奇峰在上海创立岭南画派、创办《真相画报》发挥了重要作用。

郑曼陀后来陆续创作了《杨妃出浴图》《四时娇影》《醉折花枝》《舞会》《在海轮上》《架上青松聊自娱》等描绘历史人物和摩登女性生活、脂粉气极浓的作品，郑曼陀月份牌擦笔水彩画风靡上海，成为上海月份牌画家的领军人物。

这段时间也是他创作的高峰期。从1910年到1920年间，郑曼陀创作了100多幅画作，发行量超过百万幅，超过同时期其他同行的总和。当时上海的大街小巷、室内室外都能见到这些月份牌广告画，其中90%出自郑曼陀之手。他的约稿定金预收到三年以后。

月份牌擦笔水彩画是一个跨界的艺术体。它是在融合东西方绘画艺术、传统和现代审美、摄影和绘画艺术

红宝石皇后烟广告画 郑曼陀作 1910年代 韩一飞收藏

的基础上形成的独特技法。它将炭粉擦笔画技法和中国
传统工笔人物表现手法相结合，集合了素描、油画、水
彩画等绘画手法，在明暗处理和人物脸部刻画等细节处
理上，又借鉴摄影的表现手法，对画中人物脸部进行细
致刻画，使其具有明显的光影效果，呈现出近似照片的
真实感。

月份牌擦笔水彩画符合中国人的审美习惯。它从侧面反映了民国初期，人们刚刚从封建社会生活中脱离出来，希望追求时尚新潮、追求美好生活的心理。同时，旗袍时装、新潮美女、现代生活场景等画面引领时尚、引领消费，具有较好的广告效应，受到商家和消费者的

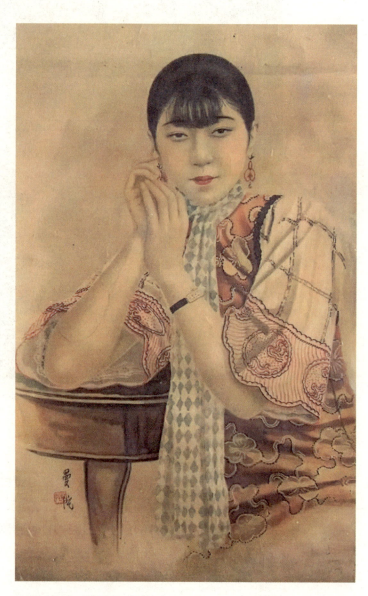

月份牌广告画　郑曼陀作　民国初年

喜爱，成了上海滩的一道风景线，也是民国时代的一个重要标志符号。

郑曼陀的擦笔水彩画与他在二我轩照相馆的经历密切相关。在二我轩工作期间，他也参与大量的拍摄、暗房印制和修图美化等工作，对摄影的构图、用光、明暗等技巧运用比较熟练。照相馆人像绘画的探索和实践，是月份牌擦笔水彩画的源头。

流行民国几十年的月份牌广告画，有着杭州二我轩照相馆的一份贡献！

在郑曼陀创作月份牌擦笔水彩画的基础上，出生在海宁的另一个浙江人杭穉英开创了月份牌广告画的巅峰时期。

杭穉英出生于书香门第，自幼酷爱绘画。1916 年考入父亲任厂长秘书的商务印书馆图画部习艺，师从画家何逸梅及一名德籍设计师。杭穉英善于吸取新的绘画技

杭穉英像

骑自行车的少女 杭穉英绘 民国初年

巧，他曾向徐咏青学习水彩画，向吴待秋学习国画，领会和破解了郑曼陀擦笔水彩画的技法，又从国外商品广告以及华脱·狄斯耐的卡通片中吸收运用色彩的长处，使他的作品细腻柔和、艳丽多姿。代表作有《琵琶少女》《机车女郎》《娇妻爱子图》《玉堂清香》《吹笛仕女图》《牛郎织女》《八仙过海》《大观园》等。作品进入千家万户，不仅受到广告客户的欢迎，也深受寻常百姓家的喜爱。

《霸王别姬》 杭穉英绘 民国初年 韩一飞收藏

杭穉英的贡献除了月份牌广告画创作外，更重要的
是创立穉英画室，组织集体创作，开中国现代广告公司
的先河。稚英画室团队精英联合，各有专长，相互配合，
各负其责，打造了一个作品过硬又效率很高的创作团队，
以工业生产的方式流水作业，画得快，画得多，画得时尚，
画价也低，因而广受欢迎，引领上海月份牌画创作 20 年，
直到 1947 年他突然患病辞世。杭穉英也因此被称为中国

近代广告之父。

20 世纪二三十年代，是一个荡气回肠、充满激情的时代。在万商云集的上海，越来越多的人投身到画月份牌的队伍中，月份牌成为最有影响力的广告形式。精明的商家通过月份牌推销自己的产品，可谓是五花八门、种类繁多，香烟、药品、化妆品，还有食品、纺织品、卫生用品，甚至还有鞋子、油漆、杀虫剂、染料和油灯等，吃的、用的无所不及。月份牌对于活跃经济，促进商业发展，起了重要的广告作用。

今天我们看月份牌，一眼看到的是那些穿着旗袍、充满活力、时尚香艳、韵致天成的淑女，很少去关注月份牌介绍的商品和月历。时间大潮的冲刷下，沉淀下来和留在人们记忆里的，是艺术家们创造的一个个美丽画面构成的文化符号。月份牌承载了一个时代的历史、经济和文化，承载了一代人的梦幻、辉煌和记忆。虽然它早在 20 世纪末就退出了人们的视线，但作为文化，它是永久的。

在这些作品的画面及其背后，留下了一个个艺术家的名字：周柏生、郑曼陀、杭穉英、谢之光、李慕白、金雪尘、金梅生、倪耕野、丁云先、胡伯翔……月份牌所展现的不仅仅是画作本身的艺术魅力，还浸透了当年月份牌画家的人格魅力，他们才华横溢、经历传奇，在商业经济最发达的上海，他们用自己的技能和智慧，以制作广告的形式活跃着商业经济。他们创作的众多脍炙人口的优秀作品，已成为上海不可多得的文化遗产，成为人们怀旧的重要载体。

1921 年，南洋兄弟烟草公司为了酬谢顾客，击破英美烟草公司的竞争，邀请沪上 12 位名家各绘一画，印成

上海月份牌设计师雅聚于半淞园。自左至右：周柏生、郑曼陀、潘达微、丁悚、李慕白、谢之光、丁云先、徐咏青、张光宇

类似挂历的《十二名画集》。参加绘制的画家有周柏生、郑曼陀、徐咏青、谢之光、丁云先、杭穉英、丁悚、潘达微等，几乎都是当时月份牌画的名家。南洋兄弟烟草公司的这一商业创意引起轰动，《十二名画集》被时论誉为"空前绝后之美术品"。

这期间，作为 12 位画家之一，当时在南洋兄弟烟草公司任职的知名画家、摄影家潘达微，在半淞园安排了一次雅聚。

一张合影照记录了参加雅聚的艺术家，成就了上海月份牌知名画家珍贵的一次合影。

奔腾的钱塘江，千年的赞与叹

题记:

　　钱塘江是杭州人民的母亲河，是一条自然与人文相融合的历史长河。钱塘江上游的悠悠富春江水载着古城文脉，严州府的古牌坊耐人寻味，如万马奔腾的钱塘江大潮犹如时代潮流，独特文化激发了西方摄影师们的创作灵感，旖旎风光造就了摄影艺术作品。

千年钱塘文化孕育
"勇立潮头"精神

"江南好，风景旧曾谙。日出江花红胜火，春来江水绿如蓝。能不忆江南？"唐代大诗人白居易这首脍炙人口的词，立刻会把人们的思绪牵到风景如画的江南。但是，江南水乡杭州并不只有小桥流水人家和杏花春雨。在交通落后的清末民初，我国的陆上运输（公路、铁路）尚未兴起时，南北交通大多依赖水运。大运河、钱塘江航道，在古代运输中成为物流的主干道及交通枢纽。

钱塘江是浙江人民的母亲河，是沟通浙西和浙东最重要的水运干线，也是浙江通航里程最长、最主要的河道，其航运业的兴衰也关系着整个钱塘江流域的社会经济。

钱塘江全长五百多公里，浙江境内有三百多公里，流经杭州市闸口以下注入杭州湾。江口呈喇叭状，海潮倒灌，形成著名的"钱塘潮"。钱塘江干流在杭州境内，建德梅城以上泛称新安江，自梅城以下，分别称为桐江、富春江、钱塘江。百年前的钱塘江不仅有"过塘行"，水牛车接驳，而且还有纤夫。纤夫也是一项重要的劳动力，当时钱塘江上客商船只，牵引动力主要靠人力，也就是依靠这些纤夫的跋涉了，而牛力主要在各渡口承担运载货物"接驳""过坝"任务，古时候称为"牛车渡"。

新安江急滩纤夫　佚名摄　民国初年

　　从淳安摄影家协会提供的民国初年钱塘江上的纤夫
图中，我们清晰可见，十四五位纤夫，他们手足并用、
躬身前行。纤夫们有些衣衫褴褛，有些光着身子赤着脚，
有些脖子上缠着汗巾，一步一步地艰难前行，显然体力
消耗很大。绷紧的绳索，苦干的纤夫，滔滔的江水，这
画面，让人情不自禁地联想到我们浙江精神，其涌动着
的就是祖辈们留下来的自强不息、征服自然、埋头苦干、
坚韧不拔的可贵精神。

　　看这些运输货物的船只，可想而知它们有多么沉重，

而纤夫们却弯着身子，背着缰绳，步态一瘸一拐地往前挪动，将船慢慢地拖动。古时候有些纤夫们经常累到吐血，船只一旦翻了，纤夫就非常危险，会造成死伤事件。

这些纤夫为了生存真的非常劳累，正是因为有他们，一艘艘船只的进出才能得到保障。

近代杭州水道主要有钱塘江、京杭大运河和浙东运河，在这三条水道的两岸，都洒下过纤夫的汗水，留下过纤夫的足迹。

当时杭州水上运输最繁忙之地莫过于这条贯通南北交通大动脉上的三个埠头。第一个是杭州城内连接大运河与钱塘江两条河流的枢纽之地拱宸桥，时称"拱埠"。第二个是钱塘江边的闸口，南星桥码头的内陆河道，如今是浙江第一码头。第三个就是河道物流业兴盛之地，便是江对岸的西兴了。由大运河或钱塘江上过来的货物，如要转运到浙东各地，就要跨江到西兴，然后经浙东河道转往绍兴、宁波一带，因此，促成了西兴过塘行业的兴旺发达。

钱塘江上的小船　甘博摄　1918 年

由于有大量南来北往物资的转运，以及杭嘉湖平原商品的集散，当地形成了浓厚的商业氛围，过塘行业的兴盛也带动了当地其他各行各业的发展。

从大运河边的拱埠到钱塘江的南星桥码头只有十多公里路程，但是河道舟行艰难，钱塘江与内河的水位落差过大，全靠牛拉肩扛，不仅成本昂贵，而且费时、费工、费力，成为南北交通运输之瓶颈。运河边艮山门的那尊雕塑，就充分反映了当年货物从运河"过塘"至钱塘江的艰苦卓绝。

转运物资的艰难给南北运输构成了极大障碍，也催生了过塘行业的兴盛。尤其是南埠的南星桥一带（闸口），由于过塘行业的发达，人称"十里江塘"，转运业的竹木及各种南北货物集散于此。

浙江省境内通航里程最长的钱塘江，就是商品流通的一条天然渠道。钱塘江的存在，使得传统商品市场依托其航运业，随着支流的延伸将贸易的触角伸向了一些

钱塘江上载货的帆船　费佩德摄　1918 年

闭塞的山区。即使是在航运条件不甚便利的上游地区，依然是千帆竞发、商贾往来不绝。

费佩德拍的这张照片（上图）是钱塘江杭州段典型的渔船样式，宽阔的江面迎风招展的一扇扇风帆，就像一群展翅飞翔的大雁，构成了一幅美丽的画卷。每只船还有一根粗大的摇橹桨，意味着在顺风顺水的情况下，可以发挥舵手的功能，以掌握货船前行的方向。如果风力很小，或者是在逆风的情况下，船工还可以摇橹，以作为前行的动力。再仔细观察，照片中船尾还有一个木架子，让船工可以调节自己站在这个木架子上合适的位置。

钱塘江上除了挂帆的渔船和风帆加摇橹桨的货船之外，还有一些小巧玲珑的划桨小船，这些小船适合短途航运，也可以捕鱼，小船驾驭起来比大船要灵活得多。

钱塘江每天都有潮起潮落，潮落的时候，滩涂会露出水面，很多大船无法行驶会搁浅在滩涂上，要等潮平

杭州钱塘江 甘博摄 1918 年

钱塘江上的小船 费佩德摄 1918 年

钱塘江上的帆船 甘博摄 1918 年

或涨潮之后再继续扬帆前行。

　　到了 1934 年 1 月 1 日，杭江铁路全线正式通车。浙江腹地以钱塘江水运为中心的传统交通体系向以铁路为中心的新式交通体系的移位，也从这一天开始了。钱塘江于交通运输的重要性随着铁路的开通，不如之前那么明显了。商品货物的运输更多开始选择杭江铁路而不是钱塘江水运，这也意味着钱塘江航运业在铁路运输的冲击下开始走向衰落。

　　如今，以钱塘江为代表的江河系统，再也看不见昔日扬帆启航的船只，但它却曾经是杭州地区钱塘江上的一道风景线。富春江畔，至今仍有渔民用不同的号子，指挥鱼鹰在深水、浅水里捕捉不同的鱼类，这是流传千百年的一种文化。在经济如此快速的发展中，钱塘江

船只在繁忙的码头　1908 年

237

流域的民俗文化却还得以保留下来，是十分难能可贵的，这与老百姓的乡土意识和历史情怀是分不开的。他们即使背井离乡，最后依然会回到家乡，建设自己的故乡，承担起社会责任，把民俗文化传承下去。让更多的人回归到乡村中，能看得见山水，记得住乡愁。

美丽的钱塘江，无论是哪一个江段，都留下了先辈们可歌可泣的故事。这些存在记忆中的风景不仅孕育了灿烂的吴越文明和多彩的地域文化，更象征着勤劳、勇敢、智慧的浙江儿女"干在实处、走在前列、勇立潮头"的时代精神。

昨日的"天城"——江南好，风景旧曾谙。

今日的杭州，抖落风霜，扬鞭奋蹄，找回古老东方永远不老的情怀、永远不曾变凉的热血，找回这个世界回家的识路地图。

斑驳的城墙，
见证千年古城的悠久历史

　　清光绪三十四年（1908），美国传教士费佩德从宁波到杭州工作后，每逢周末，他都带着相机到处转悠。费佩德除了在杭州城区拍摄外，还利用学校休假期间，走遍了严州古城的大街小巷，拍摄了严州府衙的谯楼、谯楼前的照壁四不像、水亭门灵应禅寺、府衙前清朝耳目坊及纯孝格天坊、南城墙的半朵梅花雉堞等地方。

　　费佩德拍的严州府城楼和城墙是元代末年朱元璋的部将李文忠改建的。城门口除了有两只把门的石狮子之外，还立着许多石碑，其中有两块石碑上面还建有护碑亭。

严州府的一个城门　费佩德摄　民国初年

左边那个护碑亭上有"去恩亭"等字样，右边那个称"去
春亭"，城门上方写有"严州府"三个大字，那些字的
上方还挂着两盏灯笼。这个城门现在已经影迹无踪，幸
亏有费佩德为后人留下了老城门的影像记忆。

　　三国时期置建德县治于梅城，梅城也是古睦州府、
古严州府的所在地，如果从三国东吴黄武四年（225）建
县算起，已有1700多年的历史，从唐武则天神功元年
（697）迁睦州州治算起，作为州城也已经有1300多年
的历史了。梅城内有两湖，东西点缀，外有双塔，南北对峙。
登塔眺望，新安江自西向东，兰江自南而来，烟波浩渺，
形如"丁"字。

　　梅城古时候人流货物通往杭州、徽州（今黄山）、衢州、
婺州（今金华）等地的水路十分发达，梅城也是商贾要
道和兵家必争的军事重镇，在久远的岁月中，商贾云集、
人文荟萃，一派繁荣。

　　如果登上塔顶鸟瞰，会发现这里城墙的城垛造型为
半朵梅花形，梅城是因此而得名，与历史上的明朝京师
北京和南京梅花造型的城墙城垛规格一样，因此梅城（严

梅城墙上的梅花形雉堞　费佩德摄　民国初年

州府）素有"天下梅花两朵半，北京一朵，南京一朵，梅城半朵"的美誉。

费佩德在梅城拍摄了许多老照片，为梅城留下了重要的历史资料。他镜头下一张"半朵梅花形"的梅花雉堞，是砌在古城墙上呈三角形、中间有三个垛孔的雉堞。这张照片非常珍贵，有了梅花雉堞照片的原貌，重修的梅城南城墙上的半朵梅花型雉堞，就是按照费佩德的老照片形状来修缮的。"半朵梅花城"的说法，也因费佩德的照片才有了实物依据，尤其在梅城那些古建筑被彻底毁掉之后。费佩德对还原古城历史做出了巨大的贡献。无论是从艺术的角度，还是从文物保护的角度来看，这些老照片都非常珍贵，能以原貌展现于世，也是一奇。民间"天下梅花两朵半，北京一朵，南京一朵，梅城半朵"

梅城大街上的贞洁牌坊 费佩德摄 民国初年

的说法并非空穴来风，而确实是有来历的。

据民国八年（1919）编纂的《建德县志》记载，古严州府（梅城）城内有百余座石牌坊，光严州府衙前就有四座石牌坊，即严陵郡治坊、清朝耳目坊、三元坊和状元坊。

严陵郡治坊，是严州府衙标志性建筑。据明朝万历六年（1578）编纂的《严州府志》记载：严陵郡治坊，嘉靖乙未严州知府吴世泽建，乙卯知府宿应鳞修，万历六年知府杨守仁重修。唐会昌六年（846），严陵郡治坊后面有堵高大的照壁，照壁正中台基上蹲着一只石雕怪兽，据说这只怪兽叫"贪"，史书上称它为饕餮。府衙前石雕饕餮，时刻警示严州府的官吏要洁身自好，为官要清正廉明。

从严陵郡治坊往南是清朝耳目坊，明朝万历四十四年（1616），严州知府华敦复为苏松巡抚毛一鹭建。

严州府城门内的一尊"贪"石雕像　费佩德摄　民国初年

毛一鹭是严州府遂安县（今属淳安县）十一都人，万历三十二年（1604）中进士，认魏忠贤为义父，担任苏松巡抚。魏忠贤提督东厂，与兵部尚书、左都御史崔成秀狼狈为奸，陷害忠良，高攀龙、杨涟、左光斗、魏大忠等因此含冤而死。毛一鹭投靠魏忠贤，为世人所不齿，见到清朝耳目坊的人都嗤之以鼻。所以明清严州府志和建德县志均无记载，直到民国八年编纂的《建德县志》上，才有清朝耳目坊的记载。

最具有代表性的是建于公元 1478 年、立在府前街的三元坊，该牌坊是为明朝"三元宰相"商辂而建。商辂生于建德梅城，曾任兵部、礼部尚书，谨身殿大学士，少保兼太子太保等要职，因其为官前在乡试、会试、廷试中"连中三元"而获"三元宰相"之誉。三元坊最初因火灾被毁，清道光年间（1821—1850）商辂后裔重建，抗日战争时期又遭到日军空袭被炸。

众多的牌坊中，最为壮观的是 67 座为科举登科而立的牌坊，最早建坊时为宋代，其中"里仁坊"以邑人北宋名臣江公望所居故名，江公望、江公著、江公佐、江公明、江公亮兄弟五人先后俱登进士。"双桂坊"，该坊原名仕义，北宋元丰八年（1085）为邑人倪直候、倪直儒兄弟两人同登进士第建。以上两坊均已坍圮，其余石坊为明清两朝所建，尤以明代为多。

我们从费佩德拍摄的众多牌坊中，可以看出古色古香的严州府有多么繁华，还有精美的石雕艺术令人赏心悦目。除此，严州府还有很多的祠堂、寺院、会馆，以及那些精美的木雕、砖雕、石雕，一切的一切，无不见证了这座千年古镇的风韵古香及辉煌繁荣。

沈弘先生在《天城记忆》里记载费佩德影像介绍：

严州府的水库门　费佩德摄　民国初年

原严州府城有六个城门，还有三个水门，他拍的一个水门名为水库门。水门的上方为灵应禅寺，以其供奉的牵手观音菩萨而著称。水门外有方、圆二井，水门内侧有一个半圆形的池塘。水库门的城墙和水门至今保存完好，巨石砌成的水道被流水冲刷得滑溜发亮。城墙的斑驳见证了历史的岁月痕迹，潺潺的水流似乎在向人们诉说这里曾经发生的故事。

朱睦卿先生在《梅城》一书中称："到清末为止，州城内共建有各种主题内容的牌坊 113 座……保留至今的有 19 座。"可惜在"文化大革命""破四旧"的运动中，大量古代遗留下来的建筑物被当作"封建遗孽"砸毁，一些充满古人智慧结晶的建筑，经历了天灾、人祸之后，大部分都不存在了。

这里的每一座牌坊都很有故事，每一块砖都是历史符号。2018 年 9 月，杭州文物考古研究所在梅城考古研究搜集现场、建德考古工作站现场共收集各种古代石构件 242 件，其中带铭文的 3 件，带图案的 9 件，包括云纹、云鹤纹和其他几何纹饰等。

梅城留给人们最大的印象就是宏伟的城门迎江而立，人们站在城门上远眺，视野极为开阔，秀美的三江口尽收眼底。城内有美丽的长廊和庭院，许许多多古牌坊耐人寻味。

一百年前的富春江，
宛如一幅绚丽的画卷

富春江，光听听名字，就知道这是一条洒满诗意的江。古往今来，多少文人墨客沉醉在富春江风景如画的景色中流连忘返。

清末民初，因为当时的交通十分落后，很少有外国摄影师来富春江一带采风创作。所以流传下来富春江的老照片比较少，且多为风光照片，有人文景观的旧影更少。

富春江、富春山，严子陵、范仲淹、黄公望，《严先生祠堂记》《富春山居图》……美丽的富春江引来多

蜿蜒的富春江　佚名摄　民国初年

少名人雅士为之折腰。两千年的风花雪月，无数文人墨客曾漂流过富春江，并留下了大量诗画佳作。摄影作为一门记录影像的艺术，以一种特殊的方式，为富春江留下了一个时代的记忆和风景。

民国初年的这张富春江山水图（上图），摄影师采用小S形构图，使所拍摄的景物在画面中呈现曲线，利用画面结构的纵深关系形成江面弯转的S形，曲伸所形成的线条变化，加深了画面的空间感，使观赏者在视觉上感到趣味无穷，视线产生由近及远的引导，按S形顺序深入到画面里，给风景增添圆润与柔滑的感觉，使画面充满动感和延伸感。

富春江全长约110公里，为钱塘江建德市梅城镇至萧山区闻家堰段别称。一头连着素有"人间天堂"美誉的杭州西湖，一头连着人称"五岳归来不看山"的安徽黄山，流贯桐庐、富阳两地。沿途有梅城古镇、双塔凌云、胥江野渡、葫芦飞瀑、七里扬帆、严子陵钓台等名胜古迹。

在历史的长河中，富春江早已不仅是一条风景秀丽

富春江严子陵钓台　佚名摄　民国初年

的江，而且是文人们心中的一个理想信念。

民国初年的这张照片（上图）是以严子陵钓台做前景。严子陵钓台位于桐庐富春山麓，是东汉古迹之一。因东汉高士严光（字子陵）拒绝光武帝刘秀之召，拒封"谏议大夫"之官位，来此地隐居垂钓而闻名古今。摄影师在画面中突出了前景，前景中一棵大树下有古人在亭子里欣赏风景，这些人也许是文人墨客，面对富春江着迷于吟诗作对，古人那份休闲的意境和乐趣，让现代人也无限向往。这张作品平衡了画面重心，突出远近对比，拉伸了纵向空间，加强了画面质感的表现，画面内容丰富，前景衬托了主体，烘托出了图片的气氛，让人一看就分出主次，前景突出了整个画面的主题，可以说是一幅佳作。

富春江一带在历史上，曾是桐庐县治旧址。据《桐庐县志》记载，东吴孙权黄武四年（225），桐庐县治就设于此。这条浙江水系的翡翠玉带，尤以桐庐境段最为秀丽。

富春江两岸山色青翠秀丽，江水清碧见底，素以水色佳美著称，更兼许多具有浓郁地方特色的村落和集镇点缀，使富春江、新安江画卷增色生辉，富春江一带昔有"小三峡"之称。自严子陵钓台至窄溪，江流宽阔，两岸绿树烟花，小桥流水，山庄错落，更兼有严子陵钓台、大奇山、白云源、桐君山、天子岗等名胜古迹点缀其间，宛如一幅幅绚丽的画卷。

民国初年《富春江上的帆船》这张风景图（下图），摄影师采用了横向画面分成三等分构图，一棵大树作为前景，主体所放的位置能增强相片的动感和活力，很好地改善了图片的视觉效果。这种风景图片中存在陪体，一艘艘小船陪体放置在三分之一交叉点直线上，让图片获得完美的平衡效果，堪称一幅佳作。

富春江上的帆船　民国初年

　　富春江有山有水，船行水上，水绕山环。旖旎的风光激发了中国古代文人无限的创作灵感，自然山水成为中国山水画和风光摄影师的重要题材。

　　宋代大文豪范仲淹来到桐庐，为桐庐留下了大量的诗篇，而其中《萧洒桐庐郡十绝》，更是为桐庐人吟咏至今。

　　范仲淹是被贬到睦州来当知州的，但是在他的十首诗里面，丝毫都看不出消极悲观的情绪，反而通篇都充满着对生活的热爱，对自然的热爱，对黎民百姓和谐生活的热爱，反映了他"不以物喜，不以己悲"的品格。

　　闻名遐迩的元代山水画大师黄公望晚年隐居富春江7年，创作了不朽之作《富春山居图》。而《富春山居图》是他一生最为经典的代表作，在这幅纯水墨画中，简远的笔意、雄伟的笔势，错落有致地表达出内心的思想，成为后世不朽的典范。这幅历史名作饱经沧桑，差一点

249

富春江山水
佚名摄　民国
初年

被当成富人的殉葬品化为灰烬。如今这幅为两段的画卷，一半在大陆，一半在台湾，分别藏在大陆和台湾的博物馆中。名画《富春山居图》，表现了富春江富阳至桐庐境内一带的两岸初秋景色，将富春江最美的一段山水景色，定格在了永恒的时空中。

富阳区东洲街道庙山坞是黄公望结庐处，富阳区在庙山坞开辟了黄公望隐居地，建造了黄公望纪念馆，恢复了黄公望隐居时期的环境面貌。

富春江山水　佚名摄　民国初年

　　明代地理学家、旅行家和文学家徐霞客，在三十多年的旅行考察中，主要靠徒步，很少骑马和乘船，他经常自己背着行李赶路，尝尽了旅途的艰辛。《徐霞客游记》共四卷。第一卷的《浙游日记》记载了他游历富春江桐庐一带的经过，从内容中可以看出，徐霞客来富春江桐庐一带不止一次两次，他在桐庐境内所进行的地理、经济、物产、旅游等方面的科考价值，对桐庐经济社会的发展具有十分深远的现实意义。

　　徐霞客无愧为地理学家，从马岭进入桐庐境，一开始步行，游记中对桐庐水文、山川、道路的记载十分详细、精准，对地势地貌的描写形象、准确。可惜那时候还没发明摄影术，不然徐霞客是不会轻易放弃这么美的景色的。

　　富春江既有山的伟岸、石的气势，又有水的灵韵、林的秀色，绵延的青山和碧绿的江水交织相映，构成了一幅具有中国禅意的山水画。无论是"日出江花红胜火，

杭州风韵 HANG ZHOU

第七章　奔腾的钱塘江，千年的赞与叹

251

春来江水绿如蓝"的春天，还是"两岸绿树凝滴翠""翠色随人欲上船"的夏景，或"一江流碧玉，两岸点红霜"的秋色，都有一番醉人的魅力。

富春江不仅以冠绝天下的秀丽山水令历代文人折腰，使其留下无数动人诗画，更重要的是，这里丰饶的物产吸引先人在此定居，千百年来生生不息，其江水流经区域历来为江浙最富饶地区。

千年一瞬，逝者如斯。滔滔不绝的富春江水流淌至今，历史的步伐永不停息地奔向未来，文人墨客的诗意画境指引着无数的人们流连富春江，寄情山水间。

中国潮乡海宁，
自古就有摄影师追拍潮水

　　杭州自古就有很多享誉世界的风景名胜，钱江潮就是一大胜景。

　　中国潮乡海宁，从近代至当代，都有摄影师在追着潮水拍摄。被苏东坡誉为"八月十八潮，壮观天下无"的海宁盐官钱塘江大潮，是世界一绝，也是大自然的恩赐。每年中秋过后连续三天，嘉兴海宁盐官观潮亭一带万头攒动，一大批摄影师早早赶赴"前线"，只为占更佳机位，翘首以待钱塘江大潮到达的一瞬间。痴迷钱江潮的摄影爱好者们无论如何都不会放过出大片的好时机。一旦遇到冲天大潮，四面八方赶来的观潮客就会成为摄影师镜头里的"群众演员"。

　　方林峰收藏的这张民国初年的海宁钱江潮作品（下图），是唯美的长时间曝光摄影手法，潮水完全雾化，水流变得如同牛奶般丝滑，出现了仙气般虚无缥缈的雾化效果。可见，在民国时期摄影师就懂得慢门拍水流的技巧了。

　　说到海宁盐官古城，距今已经有 2200 多年的历史，它是享誉海内外的钱塘江大潮最佳观潮胜地，也是中国

海宁钱江潮　佚名摄　民国初年　方林峰收藏

唯一的潮乡。

回顾海宁的历史沿革，海宁在古代还隶属于杭州，比如在五代、北宋，以及元代、明代等，它都属于杭州。

清末民初，交通不便。能够有闲情逸致赶来观潮的人都是达官贵人和风流人士。1909 年 8 月，沪杭铁路开通后，由上海、杭州乘火车来观潮水的人逐渐增多，每年观潮时节，铁路还会早早打出广告，专开观潮列车。杭州到海宁必须从斜桥坐船到海宁。

海宁盐官大潮到来之前，江面上风平浪静，潮水涌来时，浪花像两丈多高的白色城墙浩浩荡荡铺天盖地涌来，一浪一浪像千万匹白色战马在飞奔、厮杀、号叫。刹那间，潮水声犹如山崩地裂，白练化作动力白墙，潮峰呼啸，闷雷不绝，其势如猛虎下山，扑向高高的堤岸，飞雪卷天，汹涌澎湃，叹为观止。

钱塘江观潮　佚名摄　民国初年

　　钱塘江潮水汹涌过来转瞬即逝，摄影师能拍好一幅壮美的钱江潮作品，都是凭借多年的拍摄经验，在每月大潮出没之前，摄影师早早踩点好提前到达最适合的拍摄地方。

　　钱江观潮的最佳地点，也随着时代的变迁而变化。最早在六和塔一带，南宋时，在江干跨浦桥（今三廊庙江边）至六和塔这一带江边。后来慢慢延伸发展到海宁盐官。由于钱塘江整治和杭州湾海涂围垦后，除传统的盐官观潮点之外，老盐仓和萧山美女坝都成为观潮最佳位置。

　　中国历代帝王中，乾隆皇帝跟海宁潮结有不解之缘。清朝年间的一个秋天，一行官船旌旗招展，一路南下，乾隆到海宁主要是巡视海塘的修建进度。《阅海塘记》中写有"数郡民生休戚之关，孰有大于次者"，可见，在乾隆皇帝心中，修筑盐官海塘是多么重要，它是直接关系到国计民生的头等大事。

　　历史上，乾隆四访海宁，都住在盐官古城的安澜园里。看到海塘稳固，经济繁盛，高兴之余，他还效仿先贤，观潮题诗："镇海塔旁白石台，观潮那可负斯来。塔山潮信须臾至，罗刹江流为倒回。"

钱塘江涌潮是一种自然现象，但古代科学落后，对这种极为壮观的自然现象无法解释。传说是春秋战国时，吴国大将伍子胥因屡谏吴王杀越王勾践，被吴王赐剑而自刎，并被鞭尸三百，抛入钱塘江中。伍子胥冤魂不散，顿时化作汹涌怒涛，找吴王报仇，从此便有波涛滚滚的钱江大潮。

吴国和越国隔着钱塘江北南对峙，春秋吴越争霸是这片土地上最古老的传奇。古人将农历八月十八这天定为潮神的生日供人瞻拜，是因为人们出于对伍子胥的同情和敬佩。

为纪念伍子胥，后人在吴山立祠，称伍公祠，又有伍公庙、伍员庙、胥山庙之称，伍子胥被奉为潮神，从此香火不断。

有趣的是，越王勾践依靠文种等人的谋划灭了吴国，但兔死狗烹，文种也被赐死，钱江两岸的两个敌对功臣，都带着满腹怨恨，化作了滔滔巨浪。传说文种也被封为潮神，这样，当海宁潮起时，前潮是伍子胥怒涛滚滚，后潮是文种推波助澜，两潮交叉，又形成十字潮，起伏壮观，令人称奇。

民间传说故事很凄美，但从现代科学来看，地球上的海洋潮汐是海洋水体受到天体月亮和地球的引力作用，由地球自转产生的离心力而形成的一种周期性运动。每逢农历初一、十五，地球、太阳和月球差不多在一条直线上，太阳和月球的引力在一起，力量特强，就容易形成大潮。中秋前后，秋潮特别大，这也是自然界的规律。

八堡南潮　佚名摄　民国初年　韩一飞收藏

潮汐是一种"物质运动"。人的外部世界千姿百态的物质运动，往往会反映到人的精神世界中。1914年，孙中山先生来到了海宁盐官，当他看到犹如万马奔腾的潮涌时，深受启迪，说出了"世界潮流，浩浩荡荡，顺之则昌，逆之则亡"的豪言壮语，并写下"猛进如潮"四个大字，抒发一种精神感受和希望。

历代文人墨客，从庄子、司马迁、白居易到王国维、鲁迅、郭沫若等，在一睹钱江潮奇观后，留下了千余首咏潮佳作；毛泽东以及一些党和国家的领导人，都来过海宁观潮，并有感而发，写下了许多著名的诗文。

其实，钱江观潮，始盛于唐宋。远在秦汉时，长江上波澜壮阔的广陵潮似乎就很有名，但随着地形、地貌的改变，广陵潮已不复存在，而钱塘江因变化成喇叭状的独特地貌，加上历代坚固堤坝，使钱江潮有了蔚为壮观的"一线潮""丁字潮""回头潮""冲天潮""交叉潮"等多种变化，逐渐成为天下观潮的圣地。

八堡大潮　佚名摄　民国初年　韩一飞收藏

　　在海宁盐官镇东约 8 公里的大缺口可观看"双龙相扑碰头潮"，在盐官可以看到"江横白练一线潮"，在盐官镇西约 11 公里的老盐仓可观看"惊涛裂岸回头潮"，在夜间可观看"月中齐鸣半夜潮"。

　　潮水汹涌，潮声轰鸣，潮头过后奔涌的一浪一涛喧嚣持续不过两三分钟，潮水继续向前奔腾，其后的江面渐渐又恢复了以往的平静，等待下一次潮水就是在漆黑的夜里。如此的循环往复，潮起潮落，周而复始。大自然的奥妙无穷无尽，月亮等天体主宰着这个美丽的自然现象。

　　钱江潮常常被喻为时代的新生力量，钱江潮作品自然也透出了不同时代的气息。

　　岁月在流逝，沧海变桑田，江河依旧在，却已物是人非。多少帝王将相，多少才子佳人在此伫立观潮，感慨无限！而今又有谁安在？

参考文献

1. 王兴福：《太平军在杭州》，浙江人民出版社，1959年。

2. 沈弘：《论慕雅德对于保存杭州历史记忆的贡献》，《文化艺术研究》2010年第4期。

3. [瑞士]阿道夫·克莱尔，李欣：《一个瑞士人眼中的晚清帝国》，华东师范大学出版社，2015年。

4. 杨晓政：《西湖文化读本》，红旗出版社，2013年。

5. 徐海荣：《历尽劫波终重生——文澜阁〈四库全书〉整理出版纪事》，《人民日报》2015年8月6日。

6. 沈弘：《西湖百象》，山东人民出版社，2010年。

7. [美]罗伊·休厄尔，沈弘：《天城记忆》，山东人民出版社，2010年。

8. [美]裘德生，沈弘：《我在杭州的生活》，《杭州日报》副刊，2016年。

9. 刘海波：《"刀剪第一股"百年老字号张小泉上市》，《文汇报》2021年9月6日。

10. 陈建民：《百年名店王星记扇庄经营史》，《杭州商学院学报》1984年第3期。

11. 仝冰雪：《中国照相馆史》，中国摄影出版社，2016年。

12. 鲁迅博物馆，鲁迅研究室：《鲁迅年谱》，人民文学出版社，1981年。

13. 薛家柱：《辛亥革命光复杭州》，《杭州（下半月）》

2011 年第 12 期。

14.马运增，陈申，胡志川等：《中国摄影史 1840—1937》，中国摄影出版社，1987 年。

15.钱塘江志编纂委员会：《钱塘江志》，方志出版社，1998 年。

16.建德县志编纂委员会：《建德县志》，浙江人民出版社，1986 年。

17.桐庐县志编纂委员会：《桐庐县志》，浙江人民出版社，1991 年。

18.杭州市地方志办会室：《杭州府志》，中华书局，2008 年。